AF350035

D. 6001.

REFVTATION D'VN EXAMEN

N'AGVERES PVBLIE

contre la Response qu'on fit l'année passée aux Remarques d'vn Theologien contre le chappelet secret du tres-sainct Sacrement.

M. DC XXXIV.

PREFACE.

IL est difficile de trouuer vn exemple plus euident de ce que peut la paßion sur des personnes d'ailleurs estimables, que celuy que nous voyons dans la contention arriuce sur le Chappelet secret du tres S. Sacrement.

On a commencé ce tumulte par la violation de toutes les loix de charité, qui requeroient que s'agißant d'vn Chappelet secret, auquel on trouuoit à redire, on pratiquast la regle de la correction prescrite dans l'Euangile, en s'adreßant premierement en particulier à ceux qu'on croyoit coupables des erreurs pretenduës, pour leur donner lieu de se recognoistre.

Tant s'en faut qu'on l'ait fait, qu'on a eu plus de soing de procurer vne cen-

sure secrette, qu'vne secrette correction,
en sorte que la condamnation du Chappelet a plustost esté sceuë, qu'on n'a oüy
parler du Chappelet. Et il semble qu'on
a apprehendé que la resipiscence des accusez, en cas qu'on leur fist voir leur
faute, n'ostast le moyen de les descrier à
ceux qui en auoient enuie.

Ie passe sous silence les artifices dont
on a vsé pour pratiquer vne censure de
quelques Docteurs particuliers, qui recognoissent eux mesmes que tels iugemens n'ont point vne force & vne authorité entiere, s'ils ne procedent ou ne
sont auoüés de tout le corps de la Faculté,
à laquelle seule ce pouuoir a esté donné.

Ie ne dis rien des personnes qu'on a
employé pour executer ce dessein, ni de
ceux qui les ont employees, ni de ceux
qui s'y sont meslez, ny de ceux
qui s'y sont interessez, ni de ceux qui
ont esté les premieres causes de ce desor-

dre plus secretes que le Chappelet mefme, ni des merueilleux iugemens de
Dieu qui ont paru depuis publiquement.
Toutes lesquelles considerations ren-
droient les autheurs & les complices de
ce mal beaucoup plus odieux qu'on ne
voudroit deuant Dieu & deuant les
hommes.

Ie diray seulement qu'il y a dequoy
s'estonner, qu'apres qu'on a sceu le iugement fauorable de sa saincteté, solicité
par eux mesmes, sans que ni homme, ni
letre, ni recommendation, ait iamais
paru de la part des accusez, on a osé
encore faire de nouueaux efforts contre
le respect deu à vne authorité si saincte.
Car on a esprouué en cette occasion,
comme en toute autre, la prudence &
la sage conduitte du S. Pere, qui dissi-
pant les nuages que la passion espandoit
au deuant de la iustice & de la verité, a
ordonné, Que le Chappelet ne seroit

pas cenſuré, ni mis dans l'expurga-
toire, mais demeurera ſupprimé en
ſecret, de peur qu'il ne donne ſujet
de faire des extrauagances AVX
IDIOTS ET AVX SIMPLES;
ainſi qu'il eſt eſcrit plus amplement dans
vne letre eſcrite de Rome par vn Prelat,
de qui la pieté & la doctrine ſont co-
gnuës en France & en Italie.

Apres ce decret ſi iudicieux & ſi fauorable, qu'il comprend tout ce que les
accuſez pouuoient ſouhaiter, on a trouué fort eſtrange de voir ſortir en lumiere vn eſcrit, qui ſemble n'auoir eſté fait,
que pour renuerſer toutes les parties de
ce iugement. Car au lieu qu'il a eſté dit
que le Chappelet demeureroit ſupprimé,
on l'a fait imprimer: Au lieu qu'il a eſté
ordonné qu'il ne ſeroit point cenſuré, on
le combat, & on le condamne publiquement d'erreurs & d'impietez execra-
bles: Au lieu qu'on a iugé qu'il n'eſtoit

dangereux que pour les simples & les idiots, on le fait passer pour abominable aux plus forts & aux plus sçauans; comme si l'autheur & les promoteurs de cet écrit auoiët receu du Ciel vne lumiere & vne authorité plus grande que celle du Pape : laquelle ils font profession de tenir Sacro-Saincte, quand elle est pour eux; & pretendent luy faire faire des retractations, quand elle ne suit pas leurs desirs.

Cette entreprise a paru d'autant plus incroyable, qu'on sçait que les Docteurs principaux à qui on a fait censurer le Chappelet, se sont plaints ouuertement qu'on les auoit surpris, en leur cachant le lieu & la personne d'où il venoit, & leur en supposant d'autres, qu'on asseu-roit auoir desia fait beaucoup de mal. Tellement qu'au lieu que ne cognoissant point les autheurs pretendus, que par les mauuais rapports qu'on leur en faisoit,

ils ont iugé l'escrit par eux; depuis qu'ils
ont cognu la vertu & le merite de celle
qu'il a fait, ils ont iugé l'escrit par elle.
Car les impietez & les blasphemes
qu'on luy impute sont si effroyables, &
inouïs, qu'ils ne peuuent tomber que
dans vn esprit extrauagant ou diaboli-
que, & desquels par consequent vne
ame de qui la sagesse & la vertu sont
egales, ne paroistra iamais susceptible
à nul homme de iugement. Outre la de-
claration & le desadueu de ces bons
Docteurs, il est arriué que des autres
de la mesme Faculté de Paris, les vns
ont approuué le Chappelet par escrit,
& les autres ont declaré ouuertement,
qu'ils n'y trouuoient rien de mauuais;
& que si on parloit dans leur assemblee,
de le censurer, ils feroient voir qu'il est
plus facile d'imposer à des particuliers,
qu'à tout le corps de la Sorbonne. Ce
qui a fait qu'on s'est bien donné de garde

de de le propoſer à la Faculté.

Il s'eſt rencontré en meſme temps
que cet eſcrit ayant eſté preſenté aux
Docteurs de Louuain pour ſçauoir ſim-
plement leur aduis, comme de perſonnes
eſloignees de paſſion, & nullement in-
tereſſees en cette cauſe, en les ſuppliant
de n'auoir eſgard qu'à la choſe qu'on
leur propoſoit, & non à ceux qui la leur
propoſoient; ils l'ont approuué auec elo-
ges; quoy que ce ſoient des gens entierement attachez à l'antiquité & à la tradition de l'Egliſe, & ennemis de toute nouueauté, ſur tout dans les deuo-
tions particulieres qui ont cours maintenant.

Dans tout cecy les Filles de l'ordre à
qui on en veut, ne ſe ſont point remuees;
ſe contentant de proteſter que ce Chappelet leur eſtoit incogneu, & qu'il n'e-
ſtoit party ni d'elles, ni de nul des fondemens de leur compagnie. Ce qui fait

voir la passion aueugle de ceux qui sans
preuue quelconque , & contre des tes-
moignages si receuables , ne font pas
conscience de publier que leur Ordre est
estably sur ce Chappelet , & que ce
sont les instructions secrettes qu'on y
donne. Ce qui est vne calomnie honteuse , dont ils respondront deuant Dieu,
& ne s'en laueront iamais que par vn
desadueu & vne penitence publique.

   Car celle qui a composé ce Chappelet,
est vne Fille Religieuse, Superieure d'vn
autre Ordre , de qui la vertu & l'esprit
de grace sont si cogneus de tous ceux
qui l'ont pratiquée, qu'ils n'auront nulle peine de croire qu'elle ait fait cet ouurage , & desmentiront aisement l'as-
seurance de ces hommes hardis, qui osent
escrire qu'elle n'a esté que le Secretaire
de ceux qu'ils aimeroient mieux pouuoir
descrier qu'elle , pour des interests assez
cogneus.

*Ayant esté contrainte par ses Supe-
rieurs de parler, & d'expliquer ses
sentimés sur son escrit, elle l'a fait d'vne
maniere si haute & si excellente, qu'elle
doit fermer la bouche à la calomnie mesme, declarant entr'autres choses, que
si ceux qui blasment ce Chappelet, ne
veulent le donner à Dieu, il faut qu'ils
le donnent au demon, par ce qu'elle recognoist ni auoir nulle part, comme l'ayant
escrit auec la mesme promptitude &
facilité, que si elle n'eust fait que le co-
pier. Ce qui apert par ses letres, qui ont
esté veuës de plusieurs personnes de qualité.*

*Ainsi le Zele de ces gens est beaucoup
desreglé. Car quand ils auroient monstré euidemment que l'escrit qu'ils combattent contient veritablement toutes
les heresies & les impietez qu'ils pretendent, ils n'auroient gaigné autre chose, que de faire voir qu'vne Fille a mes-*

lé des erreurs dans les entretiens secrets
qu'elle a eu auec Dieu dans son oraison.
Ce que nul ne trouueroit estrange, puis
que cela peut arriuer si facilement à des
Filles qui entrent vn peu auant dans la
consideration des mysteres de Dieu, comme sçauent ceux qui les conduisent : Et
elle reduiroit tousiours leurs censures en
fumee, & se mettroit à couuert de leur
seuerité, quand elle seroit encor plus
grande, en disant qu'elle a failly par
ignorance, comme S. Paul ; sur tout
dans vn escrit qu'elle n'a iamais eu dessein de publier & qu'elle n'a adressé
qu'à Dieu seul, comme vne priere ; ainsi
qu'il paroist par la mesme letre, où elle
se plaint de ceux qui en auoient tiré des
copies.

C'est pourquoy ceux qui osent soustenir qu'il en a esté fait plusieurs impres-
sions deuant qu'ils l'eussent diuulgué, ne
craignent pas assez les iugemens de

Dieu. Et pour les rendre conuaincus deuant les hommes, il ne faut que les sommer de produire vne seule de ces impreßions : & on verra que ce qu'ils veulent faire paßer pour impreßion du Chappelet, dont il est question, est vn Liuret dans lequel vn particulier a exprimé ses pensees soubs les tiltres qu'on void au Chappelet ; quoy qu'au reste ce soit vne chose entierement differente, & qui porte le nom d'Eleuations à Dieu sur le S. Sacrement, & non de Chappelet secret, comme celuy de la Fille. Außi ces Zelez ne s'attaquent point à ce Liuret imprimé, mais au seul escrit de la Fille, qu'ils ont mis deuant la response que nous refutons, & duquel on peut dire auec toute sorte de verité & deuant Dieu, que comme ils sont les premiers qui l'ont rendu publicq, ils sont außi les premiers qui l'ont fait imprimer. En quoy ils sont d'autant plus re-

prochables , qu'ils ont commencé à le
faire depuis le decret de sa Saincteté, qui
porte qu'il demeurera supprimé en secret, de peur que les foibles & les ignorans n'en abusent. Que, si par cet atten-
tat ils ont voulu chercher vn moyen de
se releuer apres auoir perdu leur cause,
comme c'est le propre des esprits passion-
nez de ne se rendre iamais, & qu'ils ayent creu pouuoir engager le Pape à condamner le Chappelet , en le rendant publicq ; leur inuention ne seruira qu'à les
rendre plus odieux à sa Saincteté, qui
selon toutes apparances ne permettra
iamais , qu'ils tirent aduantage de cette
malice. Et leur passion les aueugle si
fort, qu'ils ne voyent pas , que quand
mesme par cette voye ils l'auroient contrainte de condamner ce qu'elle a desia
iugé ne deuoir pas l'estre , cette condamnation ne tomberoit que sur eux, qui
auroient fait tout le mal dont on se

pourroit plaindre, puis qu'il a esté declaré qu'il n'y peut auoir autre mal dans
le Chappelet que la publication, qui le
rendroit dangereux aux foibles & aux
ignorans. Or cette publication estant
venuë d'eux seuls, la Fille n'auroit nulle
part à la censure qu'on en pourroit faire,
& demeureroit iustifiee des blasphemes
& des impietez dont ils ont voulu char-
ger son escrit.

Pour voir encor mieux la grandeur
de leur passion, il faut sçauoir qu'apres
la censure pretenduë, ils firent courir vn
escrit dans Paris, où ils taschoient de
monstrer par le menu les erreurs du
Chappelet, le combattant en toutes ses
parties, & supposant tousiours que c'e-
stoit le fondement sur quoy on auoit
estably l'ordre des Filles. Quelques vns
esmeus de compassion vers les affligez,
& d'indignation contre ceux qui les
trauailloient si iniustement, encore qu'ils

fuſſent obligez par toutes ſortes de raiſons de les proteger, ſe reſolurent d'y
reſpondre. A quoy ils ſe ſentirent encore plus portez par l'impertinence de
la piece remplie d'erreurs, & de toute
ſorte d'ignorance, & qui auoit plus beſoin de cenſure que ce qu'on entreprenoit
de cenſurer. Cette reſponſe, quoy que
non imprimee, ayant eſté veuë de pluſieurs, a receu toute ſorte d'approba-
tions, tant à cauſe de la moderation
qu'elle teſmoignoit, en ne s'attachant
qu'aux defauts de l'eſcrit, ſans exprimer les perſonnes dont on auoit tant de
ſuiet de ſe plaindre, que de la clarté &
ſolidité dont elle ſouſtenoit la verité, &
deſtruiſoit l'erreur; & fit iuger qu'elle
appaiſeroit les eſprits, & mettroit fin à
la querelle du Chappelet.

Auſſi a on demeuré ſix mois dans le
repos & dans le ſilence iuſques à ce que
le decret de Rome eſtant arriué, tout

autre

autre qu'on ne l'auoit attendu, & les
voyes de mettre leur honneur à couuert
ayant manqué à ceux qui auoient en-
trepris cette affaire, ils ont creu estre
obligez de rehausser leurs courages par
des efforts nouueaux pour soustenir la
decadance de leur cause.

Ils menacent de faire venir vn autre decret de Rome, pour reformer le
premier en leur faueur : comme s'ils
ignoroient la fermeté & la constance
des Arrests de sa Saincteté, & qu'ils
creussent pouuoir esbranler l'immobilité
de la pierre. Cependant pour tenir les
esprits en haleine, ils produisent vne
refutation de la response qui a esté faite
à leur premier escrit, & la produisent
auec tant de passion, qu'encor qu'il y ait
la mesme difference entre ce qu'ils disent
& ce qu'ils combattent, qu'entre la nuit
& le iour; & que pour cette raison les
Docteurs à qui ils l'ont communiquee

leur ayent confeſſe par charité de ne la
point faire imprimer , il a eſté impoſſible d'arreſter, que pour vn peu de temps,
la violance de leur mouuement.

Qui euſt iamais penſé, qu'apres l'eſpace de ſix mois, apres le iugement du
Pape, apres le iugement de ceux qu'ils
ont choiſi eux meſmes pour iuges de leur
ouurage , ils euſſent voulu mettre au
iour , lors qu'on ne ſ'y attendoit plus,
& qu'on croyoit cette querelle aſſoupie,
vn Liure qui ne peut eſtre bon, que pour
deſcrier encore dauantage leur entre-
priſe?

Car ie puis dire auec toute ſorte de
verité , que ie n'ay veu il y a fort long
temps rien de plus mal conceu. C'eſt
la reſponſe d'vn homme qui ne reſpond
à rien; qui n'entend pas la moitié de ce
qu'il veut refuter; & qui ne refute pas
la moitié de ce qu'il entend; & qui n'entend que ce qu'il y a de plus bas & ab-

jet dans les contentions de l'eschole.
Car pour ce qui est des mysteres de la
religion, des veritez de la grace, des
secrets de l'Escriture, des lumieres de
pieté, de l'antiquité & de la tradition,
qui sont toutes choses necessaires pour
esclaircir la matiere dont il s'agit, il les
cognoist si peu, que c'est vne merueille de
voir vne si grande hardiesse auec vne si
grande ignorance. Tellement qu'il est
difficile de dire ce qu'il sçait le moins,
la Scholastique, ou la Positiue, puis
que dans les beaux suiets qu'il a eu de
faire paroistre la science de l'eschole
& la vraye & solide subtilité de la
Philosophie, s'il en eust eu quelque intelligence, il y a passé comme vn homme qui ne void goutte, & qui a d'autres occupations; & dans ceux de la
Positiue il s'est comporté comme celuy
qui n'en auroit iamais ouy parler, & si
dans tous les deux il n'a trouué que des

pierres d'achoppement & matieres d'erreurs. Car il est incroyable de voir les
fautes grossieres dont il a remply son
escrit, & les impietez dont il a releué
son ignorance. Ie ne parleray icy que
de l'vne des plus faciles à comprendre,
remettant pour les autres le Lecteur
aux briefues refutations que i'en ay fait.
Il nie, non vne ou deux fois, mais sans
cesse dans toute la suitte de son Liure,
qui semble estre basty sur ce fondement,
que Iesus-Christ, comme Christ, ne
doit pas estre consideré comme Dieu &
qu'on ne doit pas parler de luy comme
d'vn Dieu, renouuellant par vne ignorance honteuse, plustost à mon aduis,
que par malice, l'ancienne erreur des
Nestoriens, & se laissant emporter par
l'emulation de se defendre, à combattre les sentimens des moindres Chrestiens, & le premier principe du Christianisme, qui apprend que Iesus Christ

signifie vne personne, & vne personne,
non humaine, mais diuine, & par consequent vn Dieu, & le Verbe mesme
Eternel. Ce qui a donné lieu à la defini-
tion de S. Augustin, Quid est Chri-
stus ? Verbum Dei habens homi-
nem.

Si ceux qui ont employé cet homme,
se fussent aduisez de choisir quelqu'vn
qui eust peu pour le moins par quelque
netteté de langage, & par quelque
eloquence populaire gagner les esprits
qui ne sont pas nourris dans les veritez
de nos mysteres, & cela à la faueur
des mauuaises apparences que les paroles de la Fille leur donnent, ils eussent
peu mieux contenter leur passion, &
tesmoigner dauantage leur iugement &
leur prudence. Mais de s'estre addres-
sez à vn homme qui n'a ni science, ni
esprit, ni discours ; & qui a fait vne
piece, qui n'est bonne ni pour les sça-

uans, ni pour les ignorans, c'est ce que
ni les vns ni les autres ne leur pardon-
neront facilement. Car ie suis comme
asseuré que cet homme ne seduira personne, & que c'est tout s'il peut entre-
tenir ceux qui estans desia dans l'aueuglement de la passion, trouuent bon tout
ce qui les flatte: encore me doutai-ie qu'il
y en aura qui seront peu satisfaits de ce
qu'il le fait de si mauuaise grace, &
plaindront le beau papier & le beau
charactere qu'on a employé pour repa-
rer cet ouurage.

Pour ce qui est de ma responce, elle
suit de poinct en poinct le discours de
l'aduersaire, quoy que beaucoup en-
nuyeux, rendant cet honneur plustost à
ceux qui le font parler, qu'à son merite. Il est vray que i'ay creu ne le deuoir pas suiure en vne chose. Car au
lieu qu'il a eu la hardiesse de faire imprimer en teste le Chappelet auec mes-

pris de l'ordonnance de sa Sainōteté, i'ay iugé ne le deuoir point inserer dans ma response, pour ne faire pas tort à la iustice de la cause, & ne m'opposer pas à la soumission & à la reuerence que les Filles rendent au S. Siege. En tout le reste i'ay marché sur ses pas, sans rien omettre de toutes les bagatelles & les pointilleries qu'il a produit dans les matieres plus sainētes & plus diuines de la religion, imitant les infideles, qui ont tousiours attaqué en mesme façon les fondemens du Christianisme, comme ie feray voir par mes responses.

Quant à ce qu'il se plaint, que les paroles de la Fille sont inintelligibles dans le sens qu'on leur donne, & que peu de personnes rencontreroient ces explications. Il n'y a nul homme equitable qui n'aduoüe que ceux qui prennent en des sens les plus impies & extrauagans qu'on puisse imaginer les paroles

d'vne Fille recognuë pour excellente en
esprit & en vertu, s'esloignent plus de
la raison, & choquent beaucoup dauantage le sens commun, que ceux qui
croyent que des excez si effroyables,
pleins d'Atheisme & de folie n'ont peu
tomber dans vne telle ame, quelque face
que ses discours semblent auoir. Car il
est bien plus insupportable de dire, qu'e-
stant telle par le consentement de tous
ceux qui la cognoissent, elle a peu conceuoir les blasphemes & les resueries
estranges qu'on luy attribuë, que de
croire qu'elle a parlé d'vne façon esle-
uee au de là du commun vsage des hommes. Le premier est contre tout iugement, & le second est tres ordinaire à
ceux qui sont nourris dans les lumieres
de Dieu, & dans la consideration particuliere de ses mysteres. Tellement que
quand on accorderoit à ces gens ce qu'ils
pretendent, que les explications qu'on
donne

donne aux discours de la Fille ne se rapportent pas à ce que les paroles signi-
fient vulgairement, ils se trouueront
beaucoup plus dans la faute qu'ils re-
prochent au Defenseur & paroistront
sans comparaison plus desraisonnables
de donner au Chappelet des sens qui approchent des paroles, mais entierement
esloignez de la personne, que luy de
l'expliquer conformement à la personne
sans s'attacher à l'apparence des paroles. Car la personne est beaucoup plus
considerable dans vn discours, que le son
des paroles, qui se prennent differem-
ment dans l'vsage ordinaire mesme, selon qu'elles partent de personnes differentes, quoy qu'en soy elles soient les
mesmes.

Mais quand cette plainte seroit
beaucoup plus iuste, celuy qui l'a fait
ne s'apperçoit pas qu'il confirme sans
y penser le iugement de sa Saincte-

té ; laquelle considerant le peu de gens
qui prendroient ce Chappelet comme
il faut, a ordonné qu'il demeureroit
secrettement supprimé, à cause des
idiots & des foibles, qui sont deux
qualitez qui comprennent la plus grand
part des hommes. Ce sont ceux-là qui
n'en trouueroient iamais le vray sens,
& le deuancier de nostre aduersaire
confesse de luy mesme à chasque mot
qu'il n'y entend rien, & soustient qu'il
n'y a Theologien qui puisse expliquer
ce que la Fille veut dire : de façon qu'il
est necessaire, que quelque interpreta-
tion qu'on y puisse donner, elle surpasse
tousiours l'attante & la portee de ces
gens. Mais leur plainte ne peut estre
mieux refutee, qu'en faisant voir qu'v-
ne bonne partie de ce qu'ils blasment se
trouue quasi en mesmes termes & en
mesme maniere d'expression dans l'Escriture saincte, dans les Peres, dans le

langage des personnes de pieté, & dans
les Theologiens mesmes de l'eschole, ainsi
qu'il sera prouué clairement. Et quand
il seroit vray que les propositions de la
Fille sont encore plus imperceptibles
qu'ils ne disent, qui la voudroit blasmer de n'auoir pas sceu les termes,
dont les Docteurs ont accoustumé d'v-
ser en ces matieres, & d'auoir eu auec
Dieu dans le secret de la solitude & de
son cœur des entretiens remplis de cette
grace & de ce don, que nul n'entend
que celuy qui le reçoit & celuy qui le
donne, comme dit l'Escriture? Chacun
sçait que les discours de grace & de
charité sont generalement peu entendus
des hommes, & que comme S. Denys
nous apprend que les lumieres des Anges superieurs sont plus obscures, &
celles des inferieurs plus claires; ainsi
les paroles & les pensees des ames plus
eleuees dans la pieté & la vie Angeli-

que, sont ordinairement plus esloignees
de l'intelligence des autres, a laquelle les
discours des moins parfaits sont plus
proportionnez, parce qu'ils sont plus
humains. C'est pourquoy la saincte Escriture, qui est la parole de Dieu mesme, & l'escrit le plus parfait & diuin
qui se puisse faire sur les mysteres de la
religion, est aussi le plus obscur & le
plus difficile de tous: & vn des points
les plus extrauagans de nos heretiques,
c'est, de ne le croire pas. Ce qui a obligé
l'Eglise d'en defendre les versions vul-
gaires au commun peuple, & plus sçauans de l'expliquer autrement que par
la tradition de ses Peres: n'y ayant Liure qu'il faille moins interpreter par les
paroles que celuy là, duquel il est escrit
dans luy mesme que sa lettre tuë, ainsi
qu'elle a tué tous les Iuifs, & tant
d'heretiques & de mauuais Chrestiens
qui en abusent encor tous les iours. La

mesme chose se void à proportion dans
les autres Liures des choses diuines, &
sur tout dans les discours de pieté, qui
ont vn langage tout particulier, ou souuent les plus sçauans n'entendent rien.
Car comme chacun aduoüe qu'il y a vne
lumiere de pieté, differente de la lumiere de science, & sans comparaison plus
haute & plus diuine, qui n'est autre
chose qu'vne perfection & vne recompense de la Foy, & ce que l'Escriture
appelle don d'intelligence ; Ainsi il ne
faut pas trouuer estrange, qu'il y ait vn
langage de pieté different de celuy de
science, qui est souuent aussi incognu aux
sçauans, que celui des sçauans l'est à ceux
qui sont les plus aduancez dans la pieté.
Ce sont deux dons, & deux biens de
Dieu, dont il faut recognoistre la diuersité aussi bien en eux mesmes, qu'en la di-
stribution qu'il en fait, les donnant à qui
bon luy semble, & donnant rarement

les deux enſemble, parce qu'ordinairement l'vn empeſche l'autre, au lieu qu'ils
deuroient ſentr'aider, & ſ'eſclaircir
mutuellement. Ainſi ceux à qui Dieu a
donné, l'vn, ne doiuent pas trouuer mauuais qu'il ait communiqué l'autre auec
plus d'abondance à ceux qui ſont moins
ſçauans qu'eux, & qu'il leur ſoit auſſi
difficile d'entendre les diſcours qui naiſ-
ſent de cette lumiere de pieté, qu'il l'eſt
aux autres d'entendre ceux qui viennent
de leur ſcience. Car il n'y a point de doute que les diſcours de Scholaſtique ſeront
bien moins intelligibles à ceux qui ne
l'ont pas appriſe, que les diſcours de pieté à ceux qui n'en ont point l'vſage & le
ſentiment. Et c'eſt le ſuiet pourquoy il fut
defendu autrefois à vn grand Prelat de
continuer la traduction vulgaire qu'il
auoit commencee de la Somme de S.Tho-
mas, parce qu'on voyoit le preiudice que
cela pourroit cauſer à ceux qui n'au-

roient pas estudié en cette science, & le
mauuais vsage qu'ils en feroient. Comme donc il ne s'ensuit point que la Scholastique n'est pas bonne & vtile à l'E-
glise, encor que les discours de Scolasti-
que soient tres-difficiles & dangereux
à ceux, qui n'y sont point exercez: Ainsi
il ne s'ensuit pas que les discours de pieté
sont mauuais ou pernicieux en soy, parce
que ceux qui n'ont pas la lumiere de pieté
assez grande, ou qui ne s'addonnent pas
tant aux exercices & vsages par lesquels
on l'acquiert, les trouuent au dela de leur
intelligence, quoy que d'ailleurs ils soient
sçauans, & mesmes vertueux. Car il est
clair que chaque lumiere a son langage;
& que comme la lumiere de pieté n'est
pas tousiours cõioincte à la science, elle ne
l'est pas tousiours à la pieté; estant certain par l'experience & par la raison,
qu'il y a des ames plus aduancees dans
la pieté qui ont moins de lumiere, parce

que cela ne se mesure pas tousiours à la
vertu, mais à la volonté de Dieu, qui di-
stribuë ce don de lumiere & d'intelligence à ceux qu'il luy plaist, & conduit
souuent les ames plus parfaictes auec
moins de cognoissance, & quelquefois ne
leur en donne presque point, non plus que
des gousts & des sentimens de sa grace,
les menant comme de vrayes ouailles, &
comme de ces bestes, dont il est parlé dans
le Prophete, vt iumentum factus sum
apud te.   Qui est l'estat & la voye la
plus asseuree de toutes.

Mais c'est assez parlé sur ce poinct,
qui ne deuroit receuoir nulle difficulté
parmy les Chrestiens deuant lesquels, au
pis aller, la Fille ne seroit iamais blasmee
d'auoir parlé, non aux hommes, mais à
Dieu seul, d'vne façon inconceuable aux
hommes & elle pourroit tousiours imiter
la parole de S. Paul, Siue mente exce-
dimus Deo, siue sobrij sumus, vobis

bis, charitas enim Chrısti vrget nos.
*Si nous excedons en esprit, c'est pour
Dieu; Si nous sommes plus moderez,
c'est pour vous, car la charité de Dieu
nous presse.* Car de dire qu'on a fait imprimer le Chappelet deuant qu'il l'ait
esté depuis peu par ceux qui le combattent, c'est vne hardiesse aussi inexcusable que les impietez de la response que
nous refutons, plus grandes & plus grossieres que ce qu'on pretend qu'il y a de
mauuais dans le Chappelet.

Au reste ie n'ay eu garde d'imiter la
laschete dont l'aduersaire a vsé enuers
son compagnon, lequel il a laissé dans la
honte & dans l'opprobre des heresies &
des blasphemes dont on l'a conuaincu,
sans ouurir la bouche pour le defendre,
euitant soigneusement côme des escueils
tous les argumens qui ont esté produits
contre luy. En quoy il a monstré qu'elle
issuë doiuent attendre ceux qui combat-

ú

tent ce Chappelet, & si la passion, ou
peut estre l'interest, de complaire à ceux
qui l'ont employé, ne l'eust aueuglé, il
auroit esté destourné de son entreprise
par ce seul exemple. Car i'espere qu'on le
traictera de mesme qu'il a traicté les autres; & que comme il n'a pas eu le courage ou la force de parler pour son frere,
il ne se trouuera desormais personne qui
vueille parler pour luy.

Que s'il semble que i'ay apporté quelque chaleur à la defense de cette cause,
elle a esté telle, que ie me sens obligé de
supplier Dieu de me deliurer autant de
passion en d'autres rencontres, qu'il luy
a pleu m'en preseruer en celle-cy, où ie
n'ay regardé que son honneur & l'af-
fliction de ses Filles. I'espere que puis
qu'il luy a pleu les espreuuer ainsi dans
leur premier commencement, il tirera
gloire de cette persecution à l'aduantage
de leurs ames & de leur ordre, si elles l'a

mesnagent comme il l'entend, & qu'il
les fera croiſtre & fleurir par le meſme
moyen par lequel on a voulu ruiner leur
eſtabliſſement, pour nous faire voir
dans vne religion particuliere l'image
de la religion generale, qui a eſté plan-
tee & eſtenduë en cette meſme maniere.

APPROBATIONS
des Docteurs de Louuain.

Sicut amor in agendo Liberrimus
eſt, ita & in loquendo. verborum ἀκριβεῖς negligit, quia non tam
ore quam corde loquitur; vbi con-
ſcientia ſui ſecura, amantis, omnia-
que penetrantis perſpicaciâ ſuppleri
nouit, quicquid ſignorum anguſtia
& balbuties linguæ præpedit, ne fer-

uor amoris simul profundat. Friget
ctiapicum interpretatio, quando ab-
sente calumniæ metù tam amanti
quam redamanti citra signorum
subsidium nexus veritatum patet.
Ostendit hæc peroportunè para-
phrastica ista declaratio: iuxta quam
vere dixeris nihil in istis ardentibus
animæ religiosæ votis contineri,
quod à fidei Christianæ regula de-
flectat.

Louanij Decimo Calend.
     Augusti 1633.

*Cornelius Ianssenius S. Theol.
doctor & sacrarum litterarum
Professor Regius in Academia
Louanienci.*

COmme l'amour est libre en ses
actions, il l'est aussi en ses paro-

les. Il ne se soucie point d'obmettre
des choses dont l'expression semble
necessaire aux hommes, par ce qu'il
ne parle pas tant de la bouche que
du cœur, la sincerité de sa conscience luy faisant voir que Dieu qui l'aime & qui penetre ses sentimens,
supplée par la profondeur de sa cognoissance à tout ce que l'imperfection des paroles & le begayement
de la langue empesche son zele de
representer tout à la fois. L'explication exacte de tous les mots est trop
froide pour luy, la connexion des
veritez paroissant assez sans l'entre-
mise du discours aux deux esprits
qui s'entr'aiment & s'entretiennent
sans crainte de la calomnie. Tout
cela est fort bien declaré dans ce discours, suiuant lequel on peut dire
auec verité que les ardens souhaits
de cette ame religieuse ne contien-

nent rien qui ne soit conforme à la
foy Catholique.

A Louuain le 23
　　Iuillet 1633.

　　　Cornelius Ianssenius Docteur
en Theologie & Professeur royal
de l'escriture Saincte dans l'Vni-
uersité de Louuain.

HÆc desideria animæ diuino
amore ebriæ, & in Christum
transformatæ, nihil immodicum
continere videntur, si quis linguam
amoris intelligat, & quas habere
eam cogitationes deceat, quæ sibi

feliciter elapsa, in abysso diuinita-
tis natat.

Louanij postridie
Id. Iulias 1633.

Lib. Fromondus S.Th. D.&
Prof. ordinar. Censor Libr. Ar-
chiepiscopalis.

LEs souhaits de cette ame eny-
urée de l'amour de Dieu &
transformée en Iesus-Christ, ne
semblent contenir rien de trop, si
on entend bien le langage de l'a-
mour, & qu'on considere qu'elles pensées doit auoir celle qui sor-
tant heureusement d'elle mesme

nage dans l'abiſme de la diuinité.

A Louuain le 16
Iuillet 1633.

Libert Fromond Docteur &
Profeſſeur ordinaire en Theologie,
Cenſeur Archiepiſcopal des liures.

Sur le premier Tiltre, Saincteté.

PAg. 36. Contre ce que la Fille
a dit, Qu'elle souhaitte *que la
societé que Iesus-Christ veut auoir auec
nous par le sainct Sacrement se face
d'vne maniere separée de nous*, qui est
vne priere manifestement saincte,
cóforme aux sentimens & aux premieres notions du Christianisme,
par laquelle on souhaitte que Iesus-
Christ nous associe à luy en nous se-
parát de nous mesmes, selon le langage perpetuel des Chrestiens & de
l'Escriture; Nostre Examinateur ne
voulant comprendre ce discours, ny
recognoistre cette claire lumiere,
s'aheurte à soustenir qu'il y a cótra-
diction, pource que Société & sepa-

ration sont termes opposez, cóme
chaud & froid, nuict & iour. Mais
le contraire a esté si bien prouué, &
toute la difficulté qu'il y peut auoir
en ce poinct si nettement & si solidement expliquée, que ie ne puis
m'oster de l'esprit que cet homme
dispute plustost par animosité, ou
pour le moins par maniere d'aquit,
affin de contenter la passion de ceux
qui l'ont employé, qui par l'ignorance d'vne chose qui ne peut estre
contestee de ceux qui cognoissent
seulement les premiers principes de
Foy. Car qui ne void que tout l'estat
de l'Euangile & de la Loy nouuelle
est ainsi establi dans des contrarietez apparentes, qui ne cesseront que
dás l'autre vie? Qui a-il de plus contraire que la guerre & la paix? Cependant nostre Seigneur attribuë
l'vne & l'autre à son Euangile; di-

ſant tantoſt qu'il nous dóne la paix, & tantoſt qu'il n'eſt pas venu porter en terre la paix , mais la guerre. Laquelle y durera ſans ceſſe tandis qu'il y aura dans le monde des bons & des meſchás meſlez enſemble , & dás nous meſme du bien & du mal; puiſque l'on ne peut ſubſiſter auec l'autre ſans combat, ſ'il n eſt vaincu & ruiné. Tellement que le bonheur de cette vie cóſiſte non a auoir vn repos & vne paix toute pure, qui eſt ce que les eſprits laſches & trop amateurs de leurs aiſes cherchent touſiours; Mais à faire la guerre ſans perdre la paix , & à fonder la guerre ſur la paix , comme tout mouuement doit eſtre fondé ſur vne choſe immobile. Or qui ne void qu'auoir tout enſemble la paix & la guerre, non ſeulement à l'eſgard d'autruy, mais dans ſoy meſme, c'eſt en

a ij

d'autres mòts ce qu'on dit icy auoir
Societé & separation tout ensemble
au regard de IESVS-CHRIST? Car
la paix nous vnit à luy, & la guerre
monstre que nous en sommes sepa-
rez, & que nous auons tant dedans
que dehors vn ennemy auec lequel
il ne peut s'accorder, & entre lequel
& luy il y a sans cesse non seulement
separation, mais combat & guerre
mortelle? Et c'est ce que S. Paul confirme, quand il dit que la chair con-
uoite contre l'esprit, & que ces deux
choses ont opposition mutuelle.
Cela estant si clair, qui ne s'estonnera que nostre Examinateur ne puisse comprendre qu'il y a des contrarietez apparentes dans la grace, &
qu'elle produit Societé & separation, &, ce qui est bien dauantage,
paix & guerre tout ensemble, comme dit l'Euangile ?

Que s'il le veut encore voir dauantage dans l'exemple de la nuict
& du iour, de la lumiere & des tenebres, par l'opposition desquels il
souftient la contradiction pretenduë; peut-il ignorer les tenebres &
la lumiere qui sont coniointement
enfermées dans la Foy, qui eft tellement lumiere, qu'elle eft tout ensemble obfcurité & tenebres? Que fi
des termes fi oppofez s'accordent
bien & fubfiftent dans la Foy, pourquoy ne s'accorderont ils pas dans
la charité ? s'ils peuuent fubfifter
dans l'vne partie de la grace , pourquoy ne fubfifteront-ils pas dans
l'autre? Et à quoy feront plus bons
ces foibles argumens que pour renuerfer de fonds en comble les fondemens du Chriftianifme ? Il eft
donc manifefte, & il n'y peut auoir
nulle difficulté qui merite qu'on s'y

a iij

arreste, que tout l'estat du Chrestien en ce monde est partagé en des
contrarietez, non simples & sans
action, mais en des contrarietez qui
se combattent & se destruisent incessamment, estant necessaire ou
que celles de nous mesmes destruisent celles de la grace, ou que celles
de la grace destruisent celles de nous
mesmes, sans que cette hostilité &
cette guerre puisse cesser vn seul
moment. Ce qui procede des deux
hommes qui sont enfermez en chaque homme : lesquels se combattans incessamment, nous portons
tousiours au dedans de nous la lumiere & les tenebres, la paix & la
guerre, & vne diuision mortelle
semblable à celle que Rebecca auoit
dans ses entrailles, lors qu'elle estoit
enceinte de ces gemeaux, qui estoient les figures de ces deux hommes

que nous portons dans nous. Ainſi
nous ſommes touſiours vnis & ſeparez de IESVS-CHRIST; vnis, ſelon ce que nous auons de bon ; ſeparez, ſelon ce que nous auons de
mauuais & d'imparfaict: & la Fille
deſire que la Societé de IESVS-
CHRIST nous ſepare de cet eſtre
mauuais, iuſques à ce que peu à peu
elle le deſtruiſe & le ruine finalle-
ment, & nous eſleue à cette felicité
ou nous ne ſerons plus vne chair &
vn eſprit diuiſez & combattans l'vn
contre l'autre, mais vn meſme eſprit auec Dieu veritablement &
parfaictement: Car c'eſt lors que la
parole de l'Apoſtre ſera entierement
accomplie, *Qui adhæret Deo, vnus
ſpiritus eſt*. Il n'y a rien qui ne puiſſe
eſtre conteſté par des gens qui oſent
mettre en diſpute des veritez ſi claires & ſi ſainctes. En vn temps ou

la difcipline de l'Eglife eftoit mieux
obferuée, on auroit chaftié exem-
plairement ces hardieffes.

Pag. 37. Les efforts qu'il fait
contre les raifons qu'on a allegué
pour efclaircir cette verité, font py-
toiables. On auoit monftré que la
Societé que nous auons auec IESVS-
CHRIST eft feparée de nous, & d'v-
ne maniere feparée de nous, comme
dit la Fille, par ce qu'elle fe fait non
en nous, mais en IESVS-CHRIST.
D'où il f'enfuit euidemment qu'elle
eft feparée de nous, puis qu'elle n'eft
pas en nous. A cela il repart, comme fi en difant que cette Societé eft
en luy, & non en nous, on auoit
voulu dire, *que c'eft luy qui l'a fait,
& non pas nous.* Car *il n'importe*, dit-
il, *fi cette vnion eft en luy ou en moy,*
c'eft à dire, *que ce foit luy qui m'ait attiré à luy, ou moy qui l'aie attiré à moy.*

　　　　　　　　　　　　　　Tant

Tant cet homme en perdant la raison, a perdu tout ensemble la honte. Car quel autre que luy oseroit
abuser si lourdement des paroles de
son aduersaire, & ne pouuant les
combattre dans le vray sens qu'elles
ont, les destourner en des significa-
tions inouïes pour trouuer quelque
moyen de replicquer?

Qui diroit iamais qu'en disant,
que la Societé de IESVS CHRIST
auec nous se fait en luy, & non en
nous, on ne signifie sinon que c'est
luy qui l'a fait & non pas nous? sur
tout sy on adjoustoit, que IESVS-
CHRIST s'associe à nous en nous
incorporant dans luy, en nous faisant sortir de nous mesmes, en sorte
que nous nous quittons veritablement, & laissons nostre propre vie
pour viure de celle de IESVS-
CHRIST, & que ce n'est plus

nous qui viuons, mais que c'eſt luy
qui vit en nous? Car tout cela a eſté
adiouſté en meſme lieu ; pour faire
voir la foibleſſe & l'audace de ce
Champion , qui ne craint point
d'obſcurcir cette clarté, & faire ſem-
blant qu'on n'a voulu dire ſinon
que IESVS CHRIST fait l'vnion
que nous auons auec luy, & que
c'eſt luy qui nous attire à ſoy, & que
nous ne l'attirons pas à nous. S'il
euſt eu aſſez de force pour prouuer
que IESVS-CHRIST ne fait pas
Societé auec nous en nous tirant
hors nous meſmes, pour nous en-
ter & eſtablir dans luy ; il euſt peu
gaigner quelque choſe ſur la verité
qu'on a defenduë, & n'auroit pas
eſté contraint de ſe jetter dans ces
deſtours & deſguiſemens indignes,
pour ne paroiſtre pas muet. Mais
cela eſtant impoſſible, tant à cauſe

de ſa foibleſſe particuliere, que de ce
que cette verité eſt fondée ſur la
pierre immobile que nulle force ne
peut renuerſer, le raiſonnement
qu'on a fait demeure ferme & euident. Car ſi IESVS CHRIST en
nous joignant à ſoy nous tranſpor-
te hors nous-meſmes dans luy, il eſt
indubitable que ſa Societé eſt ſeparée & nous ſepare de nous meſmes.

Il n'auroit pas fait cette faute ſ'il
euſt mieux entendu les operations
du S. Eſprit dans nous. Car l'eſprit
de Dieu ne produit pas ſeulement
noſtre vnion auec luy & auec IESVS-
CHRIST comme principe effectif,
mais il en eſt outre cela le lien & le
nœud. D'où vient que pour prouuer que cette vnion eſt entierement
ſeparée de nous, on a dit & qu'elle
nous tire hors nous-meſmes pour

nous mettre dans IESVS-CHRIST,
& que le lien de l'vnion & de l'establissement que nous auons dans
luy, c'est son esprit & non le nostre:
de façon que tant les choses qui
sont vnies par cette Societé, que le
lien dont elles sont vnies, estant se-
parez de nous mesmes, & tous dans
IESVS-CHRIST ; il s'ensuit que
toute cette vnion & cette Societé
est separée de nous mesmes; & il ne
reste plus de difficulté dans vne verité si solide.

Pag. 37. Il prouue que la Societé de IESVS-CHRIST auec nous
ne contient pas Societé & separation, parce que IESVS-CHRIST, a
dit, *Qui manet in me, & ego in eo: Ad
eum veniemus & mansionem apud
eum faciemus.* C'est comme si on
vouloit prouuer que la grace de IE-
SVS-CHRIST ne contient pas tout

enſemble paix & guerre, par ce qu'il
a dit, *Pacem meam de vobis* ; & que la
Foy n'eſt pas tout enſemble obſcu-
rité & lumiere, par ce que S. Paul
dit, qu'elle rayonne dans les cœurs
des fideles pour produire la lumiere
de la claire ſcience de Dieu ; *Illuxit*
in cordibus veſtris ad illuminationem
ſcientiæ claritatis Dei in facie CHRI-
STI IESV ; Et que les iuſtes ne ſont
pas morts & viuans, comme l'Eſcriture teſmoigne tant de fois, pour ce
que IESVS-CHRIST dit, *Ie ſuis*
venu afin qu'ils ayent la vie, & qu'ils
l'ayent plus abondamment. Tous ces
argumens ſont ſemblables, & eſgallement pauures & defectueux:
& tant ſ'en faut qu'ils deſtruiſent ce
qu'ils pretendent, qu'ils le confir-
ment pluſtoſt. Car on dit deux choſes, c'eſt à ſçauoir que la Societé de
IESVS-CHRIST contient vnion ;

b iij

& c'est ce que confirme l'argument
proposé ; & qu'elle contient separation, qui est ce qu'il ne destruict
point. Tellement qu'il sert, & ne
nuit pas.

Pour renuerser ce qu'on pretend
il eust falu produire des textes qui
disent, que la Societé de IESVS-
CHRIST vnit tellement, qu'elle
ne separe point du tout. Mais cela
est impossible. Au contraire comme IESVS CHRIST dit qu'il se
joint & demeure dans ceux qui l'aiment ; Il les oblige aussi de se hair
eux mesmes, & se renoncer eux-
mesmes, selon l'Euangile. Ce qui
est se separer d'eux-mesmes, & encore auec haine & auersion. De sorte que son amour & sa Societé met
dans l'homme vnion & separation
tout ensemble.

Pag. 38. Il dit que quand les he-

retiques & infideles ont obiecté à
l'Eglise les contrarietez apparentes
de nos mysteres ; elle a respondu,
que dans les mysteres de noltre religion il y a bien des choses au deffus
de la raison, mais non contraires à la
raison. Mais elle n'a iamais respondu cela à tels argumens. Car la ref-
ponse euft efté impertinente, parce
que pour contenir en foy des contrarietez apparentes, il n'eft pas neceffaire qu'vne chofe foit au deffus
de la raifon, puis qu'il fe trouue vne
infinité de telles contrarietez dans
l'ordre de la raifon & de la nature.
C'eft pourquoy l'Eglife a refuté ces
argumens en renuoyant ceux qui
les ont faits non au de là de la nature, mais à la nature mefme, où elle
leur a fait voir des chofes femblables, & que par exemple dans le myftere de la Trinité eftre trois & n'e-

ftre qu'vn peuuent bien subsister,
puisque dans l'homme mesme, l'ame est tout ensemble entendement,
memoire, & volonté, quoy qu'elle ne soit qu'vne mesme ame; Et ainsi
de plusieurs autres mysteres. Car l'Eglise a eu vn soing particulier de
rabbaisser ses discours en parlant aux infideles, & les tenir tousiours
dans les exemples de la raison & de la nature, desquels seuls ils estoient
capables; euitant le plus qu'elle pouuoit de leur descouurir les secrets de
la Foy & des choses esleuées au dessus de la raison, & se contentant de
leur proposer ce qui estoit absolument necessaire à salut, comme il se
void dans les escrits des anciens.

Pag. 39. Il dit que quand il y auroit des contrarietez en nos mysteres par miracle, il ne faudroit pas
demander à Dieu de tels miracles,

parce

par ce qu'on dit à l'escole, *non ſunt multiplicanda miracula ſine neceßitate.* Ce traiét n'eſtoit point neceſſaire en ce lieu. Il pouuoit garder ſa ſcience pour vne meilleure occaſion. Car on ne demande pas à Dieu des miracles nouueaux, mais la continuation du miracle, ou pluſtoſt de la merueille qu'il opere ſans ceſſe dans les ames, & qu'il a reſolu d'operer iuſques à la fin du monde. Car tous ceux qui entrent & ſ'aduancent dás la Societé & l'vnion auec luy, ſont ſans ceſſe par elle ſeparez d'eux-meſmes & de plus en plus intimement vnis à luy.

Pag. 40. Il dit que rendre l'homme interieur, *c'eſt à parler clairement, luy oſter le peché mortel,* Lourde faute en matiere de grace & de vertu. Vn Theologien qui n'entendroit pas ſeulement les principes de ſon

meſtier, n'auroit peu donner vne de-
finition & vne explication de ce terme plus groſſiere.　Car apres la deli-
urance du peché mortel, l'homme
exterieur ou vieil, qui eſt vne meſme
choſe, ne laiſſe pas encor d'eſtre dás
nous. Ce qui nous oblige de demander à Dieu qu'il nous l'oſte, & de trauailler nous meſmes inceſſamment
à le ruiner.　Ainſi S. Paul aduertiſſoit
les fideles deſia baptiſez de ſe renouueller, & ſe reueſtir de l'hóme nouueau, en deſpoüillant le vieil auec ſes
actions, par ce qu'à meſure que l'hóme exterieur ſe corrompt, l'interieur
ſe renouuelle de iour en iour.　D'où
ſenſuit que rendre vn homme interieur & nouueau, n'eſt pas ſimple-
ment le deliurer du peché mortel,
mais le purger de tout peché, quel
qu'il ſoit, & de tout eſtre & impureté du peché. Car toute infection qui

vient de la generation d'Adam,
quelque petite qu'elle puiſſe eſtre,
appartient à l'homme exterieur &
vieil, & repugne à l'interieur & nouueau. Par conſequent deliurer l'hóme de tous pechez & imperfectiós,
c'eſt auſſi bien le rendre interieur &
le renouueller, que le deliurer du peché mortel. Au cótraire l'exemption
du peché mortel n'eſt que le dernier
& le plus bas degré de l'homme interieur, par ce que ce n'en eſt que le
commencement ; au lieu que le plus
haut & le plus parfaict, c'eſt l'efface-
ment des veniels & de toutes autres
taches qui demeurent en cette vie
dans les plus iuſtes, par ce que c'en
eſt l'accompliſſement. On luy ap-
prendra vne autre fois par l'antiquité quelle difference il y a entre remettre les pechez & iuſtifier l'homme à parler proprement.

C ij

Pag. 41. A ce qu'on a dit que Societé & ſeparation de I. C. au regard
de nous ne repugnent point, par ce
quelles ſe rapportent à deux termes
differens & aux deux hommes qui
ſont en nous, la Societé à l'homme
interieur, & la ſeparation à l'exterieur; Il reſpond que de là il ſ'enſuit
qu'on ſouhaitte que la Societé de I.
C. auec nous ſe face en l'hóme interieur, & qu'eſtant impoſſible qu'elle ſe face autrement, ce ſouhait eſt
ſuperflu. Il vaudroit mieux aduoüer
franchement la force de la verité par
le ſilence, que de la rendre plus viſible par des obiections ſi friuoles &
ſi hardies, qui ne declarent que foibleſſe & opiniaſtreté en celuy qui les
fait. Car on ne ſouhaitte pas ſimple-
ment que la Societé de I. C. auec
nous ſe face en l'homme interieur,
mais on ſouhaitte qu'elle ſe face

auec l'interieur , en nous feparant de
plus en plus de l'exterieur, & qu'ainſi
ce ſoit vne Societé qui ſ'eſtabliſſe en
vne maniere ſeparée de nous, cóme
dit la Fille. Or il arriue que la Societé
de I. C. nous diuiſe plus ou moins
d'auec nous meſmes ; comme la lumiere que le Soleil eſpand dans l'air
le deliure plus ou moins des tenebres, ſelon qu'elle eſt grande ou petite. Ce qui fait que nous ſommes
obligez de luy demander & la con-
jonction que ſa grace opere de nous
auec luy, & la ſeparation qu'elle opere de nous auec nous meſmes, affin
qu'elle ſ'accompliſſe touſiours, &
nous aduance inceſſamment vers la
fin ou nous aſpirons , & vers cette
vnité conſommée que nous deuons
auoir auec luy & auec ſon Pere. Outre qu'encor qu'il ſoit impoſſible
que la Societé de I. C. auec nous ne

ſe face abſolument dans l'hóme interieur, ſuppoſé qu'elle ſe face; elle
peut neantmoins ne ſe faire point.
Et ainſi il n'eſt pas ſuperflu, pour demeurer dans l'imagination de cet
Examinateur, de demander à Dieu
qu'il la face, & la face dans noſtre
homme interieur; nó plus qu'il n'eſt
pas ſuperflu de prier le S. Eſprit de
venir dans nous & y reſpandre ſes
lumieres; bien qu'il ſoit impoſſible
qu'il y vienne autrement; ny de prier
le Pere de nous iuſtifier & nous rendre ſes heritiers; ny de nous donner
ſa grace, & nous vnir à luy & à ſon
Fils; ny de nous receuoir au tres S.
Sacrement, & venir par luy dans
nous; ny de nous admettre en ſon
Paradis, & ſe monſtrer à nous à face
deſcouuerte; ny de nous inſpirer ſa
lumiere, & nous donner ſa vie, comme il eſt ſouuent dit dans les Pſeau-

mes; quoy que toutes ces choses soient inseparables , & ne se puissent faire qu'en ces manieres. Tellement que le souhait de la Fille est tousjours bon & sainct. Car soit que nous ne soyons pas en estat de grace, elle demande que I. C. nous y mettant s'vnisse à nous dans l'homme interieur, & commence à nous separer de l'exterieur : soit que nous soyons iustes, elle demande que cette vnion & separation deuiennent de plus en plus parfaïcts, & que I.C. nous vnisse tousiours & nous separe par cette Societé separée & separante qu'il veut auoir auec nous, & que ce grand Theologien ne peut conceuoir. C'est vne hardiesse inexcusable deuant Dieu d'oser combattre auec tant de bassesse & d'ignorance des veritez si claires & si sainctes.

Pag. 41. Il dit qu'encor que Dieu s'associant à nous, s'vnisse à l'homme nouueau, & nous separe du vieil, il ne s'ensuit pas qu'il y ait en nous vne Societé separée, *par ce qu'en ce que Dieu s'associe à nous il ne s'en separe pas, & que Dieu s'associe à l'homme interieur pour ne s'en point separer.* Basse & inconsiderée response. Car on ne dit pas que Dieu nous joint à l'homme interieur & nous en separe, ny qu'il nous separe de l'exterieur & nous y joint; mais qu'y ayant en chascun de nous deux hommes, & Dieu s'vnissant au nouueau en nous separant du vieil, il s'ensuit qu'il met en nous vne Societé separée de nous, c'est à dire de nostre homme vieil, & residáce en luy & en l'homme nouueau; & qu'ainsi c'est vne Societé separée & separante, comme il est manifeste par les simples termes, sans

qu'il

qu'il faille s'amuſer dauātage en vnc
diſpute ſi inutile. Car quāt a ce qu'il
adiouſte qu'ainſi il ſ'enſuiura qu'on
pourra dire qu'ayant Societé auec
nos amis, & ſeparation de nos ennemis, nous aurons vne Societé ſeparée; Ces choſes ſeroient ſemblables ſi nos amis & nos ennemis eſtoient vnis dans vn meſme ſujet, &
dans vn meſme homme. Car par ce
moyen l'amitié que nous aurions
auec nos amis nous ſepareroit &
nous vniroit à vn meſme homme.
Or cela ſe rencontrant dans la matiere dont il ſ'agit, & dans le vieil &
le nouuel homme que nous auons
chaſcun dans nous, & non dans les
amis & les ennemis que nous auons
dans le monde, la comparaiſon n'eſt
pas eſgale. Combien que ſi on con-
ſidere bien les principes de noſtre
Foy, & qu'on ne ſ'arreſte pas aux ap-

d

parences du sens humain, on trouuera que la mesme Societé d'une
que nous auons auec I. C. nous separe aussi bien de tous les hommes
& de toutes les creatures, que de
nous mesmes ; puis que comme la
loy de charité qu'il nous a donnée
nous oblige a nous hair & nous renoncer nous mesmes, elle nous oblige aussi a quitter pere, mere, freres,
sœurs, & ce que nous auons de plus
cher dans le mode pour le seruice de
I. C. Ainsi encore de ce costé là, nous
auons auec I. C. vne Societé, c'est à
dire vne charité, separee non seulement de nos ennemis, comme dit
l'aduersaire, mais ce qui est plus estrange, de nos amis mesmes. Et come il a esté monstré que la grace de
de I. C. nous vnit & nous separe de
nous mesmes ; il se trouue qu'elle
nous vnit & nous separe tout en-

semble des autres hommes. Car elle nous oblige d'auoir Societé &
vnion auec eux par charité, & à nous
en separer aussi par la mesme charité
& par l'affection que nous deuons à
Dieu. Car celuy qui a dit que nous
aymerons nostre prochain & serons
tous dãs vne entiere vnité, a dit aussi
que nous haïrons ceux que nous ay-
mons le plus, & nous en separons
pour l'amour de luy. Toutes lesquelles considerations esclaircissent dauantage la verité du discours de la
Fille, & font paroistre plus imperti-
nens les raisonnemens de l'aduersaire, qui n'ont esté iusques à present
que tricheries indignes d'estre seulement alleguée, s'il n'importoit d'ailleurs d'en faire voir à tout le monde
l'absurdité & la hardiesse.

Il faut remarquer icy qu'il ne respond à vn seul des textes de l'Escri-
d ij

ture qui ont esté produit en grand
nombre pour mostrer que tout l'e-
stre de l homme iuste en cette vie est
plein de contrarietez; comme quád
S. Iean dit que nous ne pouuons pecher, & que neantmoins nous ne
pouuons estre sans peché, que nous
sommes regenerez, & que nous ne
le sommes point encore, par ce que
nous attendos nostre regeneration,
selon l'Euangile, que nous voulons
& que nous ne voulons point, selon S. Paul, que nous viuons, & que
nous ne viuons point selon luy mesme, & plusieurs autres lieux semblables à la proposition, qu'il a osé attaquer, & dont l'explication est fon-
dee sur mesmes principes.

Pag. 48. Il dit des choses tellement embarassees dans son jargon,
que ceux qui ne l'entendront point
feront excusables. Il veut dire qu'ay-

ant esté dit que l'homme n'est que
peché, & que I. C. n'est pas venu
pour le peché, mais pour les pecheurs, il s'ensuit ou que I. C. est venu
pour le peché, puisqu'il est venu pour
les hommes qui ne sont que peché;
ou que s'il n'est venu pour le peché,
il n'est pas venu pour les hommes.
Vn escholier qui abuseroit ainsi des
choses sainctes par des argumens
absurdes & sophistiques seroit mis à
la discipline. C'est vne honte que
nous n'ayons encor entendu autre
chose. Il vaudroit mieux à ces gens
n'auoir iamais estudie, qu'auoir pris
cette legereté d'esprit dás leurs estu-
des, dont ne pouuant se desfaire, ils
l'employent apres en toutes occa-
sions, & à la profanation mesme des
matieres plus diuines. Il commet vn
equiuoque grossier dans le mot, *peché*, qui signifie le pecheur mesme,

quãd on dit que l'homme n'est que
peché, c'est à dire qu'il n'est que pecheur. Au lieu que quand on dit que
I. C. n'est pas venu pour les pechez,
mais pour les pecheurs, il est euident
que le peché signifie la malice & la
coulpe, laquelle on distingue des
suiets ou elle reside, & des hommes
pecheurs. Comme donc celuy qui
raisonneroit ainsi; Cét homme n'est
que cholere: (Or la cholere ne peut
entrer en Paradis:) Donc cét hóme
n'y peut entrer; meriteroit d'estre
siffle: Ainsi il est insupportable de
voir ce Theologien prouuer que
puis que l'homme n'est que peché,
& que I. C. est venu pour les pecheurs, & non pour le peché, il n'est
donc pas venu pour les hommes. Il
prouueroit par la mesme raison, que
les hommes ne sont pas hommes.
Car le peché n'est point vn homme:

Or l'homme n'est que peché. Donc
l'homme n'est point homme. Et si
cela semble trop ridicule en vne matiere si serieuse, il prouueroit par
mesme voye que I. C. n'est point nostre Sauueur. Car I. C. selon l'Escriture est deuenu peché & malediction. Or le peché & la malediction
ne peuuent mener au Ciel : Donc I.
C. ny peut mener les hommes. Mais
ces argumens friuoles n'appartiennent qu'à des esprits qui semblent
n'auoir esté à l'eschole que pour apprendre à extrauaguer. Quand on
dit que l'homme n'est que peché, on
signifie qu'il est pecheur, mais pecheur d'vne façon particuliere. Car
ces manieres de parler, il n'est que
peché, qu'auarice, que cholere, si-
gnifient vne abondance & vne plenitude de peché, qui fait qu'on ne
dit pas d'vn homme mediocrement

auaricieux, ou cholere, qu'il n'est
que cholere & qu'auarice, mais on
le dit d'vn hôme qui a ces vices aux
excez. Ainsi pour signifier que l'hôme n'est pas seulement capable de
pecher, comme estoit Adam dans le
Paradis, mais qu'il a en soy vn mal
espandu sur toutce qu'ilest, & vne
corruption que nous appellôs concupiscence, qui est vne source continuelle de peché, & côme vne peste
coulante dans la pluspart de ses actions, sans que rien que la pure misericorde de Dieu le puisse empescher;
on dit qu'il n'est que peché. Car il
trouue dans toute sa nature, & dans
tout ce qui est sien cette loy de peché qui l'entraine comme par force
& le captiue soubs le joug du peché
sans vne assistance continuelle de
Dieu qu'il ne peut meriter.

Pag. 48. Il continue dans la mesme

me ineptie, difant que fil est vray,
felon la Fille, qu'il n'est pas raifonna-
ble que I. C. f'approche de nous qui
ne fommes que peché, il a donc fait
chofe defraifonnable quád il est venu pour les homes qui ne font que
peché, & f'approche d'eux tous les
iours. En quoy il diffimule indignement ce qui a esté dit auec beaucoup
d'estenduë, que la Fille par ces paroles defire que I. C. vienne dans nous,
non pour y estre receu par cét estre
mauuais que nous auons, mais par
l'estre bon & diuin qu'il nous a donné, en forte que venant dans nous il
vienne dans luy mefme, & f'y loge
dans fon efprit. Car y venant ainfi,
tant f'en faut qu'il f'approche de nostre estre de peché, qu'il nous en fe-
pare & nous en efloigne, nous diui-
fant de nous mefmes par cette Societé faincte, feparée & feparante,

dont il a esté parlé cy-deuant. Car
les lumieres de sa grace ne viennent
iamais dans nos ames, qu'elles ne
nous separent & ne destruisent
quelque partie de nos tenebres.
Ainsi le discours de l'aduersaire est
tousiours impertinent. Car quoy
que I. C. daigne se tant abbaisser
que de souffrir d'estre receu autrement qu'il ne merite par les meschans, & par les bons mesmes, qui
ne l'approchent pas auec le respect
qu'ils luy doiuent; il ne s'ensuit pas
qu'on ne puisse dire qu'il n'est pas
raisonnable qu'il soit ainsi traicté; &
son humilité n'empesche pas qu'on
ne le doiue regarder auec peine, &
auec desir de l'empescher, si on le
pouuoit. Non plus qu'il ne s'ensuit
de ce qu'il souffre les pechez, & l'a-
bus continuel que l'on fait de ses
creatures, que nous ne sommes pas

obligez de detester les pechez, &
employer tout ce qui est de nous
pour en arrester le cours.

Pag. 49. Il dit que l'humilité
doit estre particuliere, & ne regarder que soy-mesme; ne voulant pas
qu'on la fonde dans les considerations generales qui conuiennent à
tous les hommes. En quoy il semble
faillir expres, & fermer les yeux pour
tomber. Car selon ce principe Dauid auroit mal praticqué l'humilité,
quand il s'escrioit, *I'ay esté conceu
dans l'iniquité, & ma mere m'a conceu
en peché.* Car il fondoit l'humilité
dans la consideration du peché originel, commun à toute la nature humaine. S. Paul à son aduis n'estoit
pas humble, quand il disoit, *Nous ne
pouuons rien nous mesmes, comme de
nous mesmes, mais nostre suffisance
vient de Dieu;* Et ailleurs; *Ce n'est ny*

moy, ny *Apollon. Car celuy qui plante,
& celuy qui arrose, ne sont rien, mais
c'est Dieu, qui donne l'accroissement.
Nous ne sommes que ses ministres.* Et
en vne infinité de lieux semblables,
son humilité n'aura pas esté bonne,
ny conforme à l'Idée de ce Docteur,
parce que dans toutes ces raisons il
enferme le reste des hommes, & ne
s'arreste pas à luy seul. I'ay honte de
m'estendre dauantage sur vne chose si visible. Car tant s'en faut que
l'humilité ne regarde que les subiets
particuliers d'humiliation, qui sont
en nous, qu'elle n'est iamais si grande, que quand elle passe des considerations particulieres aux generales, & qu'elle entre dans le rabaissement, dans l'indigence, & dans le
neant de toute la nature, recognois-
sant en soy la mesme misere, la mesme pauureté, & les mesmes sources

de corruption & de peché qui sont
dans les plus meschans & abandonnez pecheurs. C'est le moyen de dóner tousiours vn contrepoids aux
plus grands subiets d'esleuemét qui
puissent arriuer. Car les raisons particulieres d'humilité peuuent manquer : Et il y a des homes dans lesquels on ne void point de vices, &
qui d'ailleurs ont de grands dons de
nature & de fortune , & quelque-
fois de grace , en sorte que toutes
choses semblent conspirer à l'esle-
uement de leur esprit. Mais les raisons generales prises des principes
de l'estre & du peché, qui a reduit
nostre nature à l'extremité de l'abie-
ction & de l'indigence, & la tient en
danger de tomber à tous momens,
ne manquent iamais. Au contraire
elles paroissent mieux dans les gráds
aduantages qui nous suruiennent,

comme la bassesse de l'extraction &
de la nourriture se remarque plus
dans les grádes fortunes. C'est pourquoy ces humilitez qui ne se fondent que sur les considerations particulieres , sont subiettes à faillir:
mais celles qui s'establissent sur les
generales , côme elles sont plus hu-
miliantes, elles sont aussi plus fermes
& plus durables.

A quoy il ne sert d'opposer auec
l'aduersaire que ce n'est pas grande
humilité de se mettre au rág de tous
les iustes & de tous les saincts qui
sont dans cette vie. Pour ce que si
les raisons generales de s'humilier
semblent d'vn costé nous esgaler
aux S S. elles nous rabattent beaucoup plus en nous esgallant aux plus
abandonnez pecheurs. Car il n'y a
pas grand subiet de se glorifier de
ressembler aux plus SS. en ce qu'ils

ont de mauuais; Mais c'est vn subiet
incomparable de rabaissement aux
plus grands Saincts de se voir veritablement esgalé aux plus meschans
de tous les homes dans la source &
dans les principes du vice qui est en
eux, & de recognoistre que sans vne
particuliere grace de Dieu, qui a retenu, comme par violence, le cours
de leur nature, ils leur auroient esté
semblables, & le deuiendroient à
tous momens. C'est pourquoy le
plus grand orgueil, qui a esté celuy
des Iuifs parmy les Infideles, & celuy des Pelagiens parmy les Heretiques, & celuy des Stoiciens parmy
les Philosophes, n'a sceu comprendre ce poinct, & n'a esté fondé que
sur l'erreur cõtraire. Et le premier &
plus grand orgueil de tous le hommes, qui a esté celuy d'Adam & de la
nature humaine en luy, n'a esté puny

que de cet abaissement interieur,
qui est demeuré à toute sa posterité:
pour mõstrer que c'est absolument
le plus grand de tous; comme il est
manifeste en ce que tous les autres,
& tous les pechez mesmes particuliers, ne sont que ses effects. Car ils
procedent tous de cette racine. Et il
est cõsiderable que quand le Filsde
Dieu nous a voulu apprendre par
exemples à fuir l'orgueil, & aymer
l'humilité, il nous a proposé deux
hommes, dont l'vn disoit, *Non sum
sicut cæteri hominum*; & l'autre, *Deus
propitius esto mihi peccatori*: Pour nous
monstrer que le principal degré, &
cõme le modelle de l'humilité qu'il
demande de nous, cõsiste à nous opposer à l'vn en disant, *Ie suis comme le
reste des hommes*; & à suiure l'autre en
disant auec luy, *Ie suis pecheur*, & ie
porte en moy la mesme source & la
mesme

mesme masse de peché d'où procedent les crimes de tous les hommes.
D'où on void encore la grãde intelligence de l'aduersaire en ces matieres, qui mesprise l'humilité de ceux
qui recognoissent qu'ils sont pecheurs, & dit *que les heretiques ont cet-*
te mesme humilité, & qu'ils ne chantent
autre chose. Cette temerité & cet erreur est estrange. Car outre que par
cette raison il auroit mesprise l'humilité du Publicain, non seulement
loüée par le Fils de Dieu, mais donnée en exemple à tous les Chrestiens,
puis qu'il n'a dit autre chose que, *Ie*
suis pecheur, il mespriseroit encor celle de S. Paul declarant que le peché
habitoit dans luy, & celle de S. Iean,
disant que si nous disons que nous
n'auons point de peché, nous nous
seduisons; & celle des anciens Peres
de l'Eglise qui par humilite signoi-

ent souuent dans les Conciles, *Ego peccator;* & celle de toute l'Eglise qui se preparant pour imiter l'humilité du Fils de Dieu au sacrifice de la Messe, fait vne côfession au nom de tous ses enfans, où elle ne dit sinon, qu'elle a peché, *Quia peccaui,* & lors qu'elle veut s'humilier dauantage pour appaiser Dieu & qu'elle se presente à luy en corps dans la plus grãde humiliation qu'elle peut tesmoigner, elle luy dit ; *Nous sommes pecheurs; Exaucez nous, s'il vous plaist.* C'est pourquoy les heretiques n'ont iamais esté blasmez de recognoistre qu'ils sont pecheurs, mais de ce que dans la confession qu'ils font à leurs Ministres, ausquels ils ne nient point qu'on se puisse confesser, ils ne veulent declarer rien que cela, & ne requierent point vne confession plus particuliere.

Pag. 49.   Il dit qu'il y doit auoir
difference entre les propositions generales d'humilité, & les particulieres; par ce que celles-là doiuent estre
simplement dans la verité, & nó celles cy, qui contiennent vne autre
sorte d'humilité: Ie ne sçay cóment
on pourroit garantir d'impieté cette
maxime, qui se jouë des vertus, & só
mocque de la praticque de tous les
SS. & des enseignemens de l'Eglise,
qui nous apprend à nous dire pecheurs, & nous recognoistre tels, nó
seulement en general, mais aussi en
particulier, & à mettre en cela nostre
humilité.   Or l'humilité doit estre
entierement dans la verité : autrement ce n'est ny humilité, ny verité;
mais vice & hypocrisie; de laquelle
Dieu ne peut estre autheur, puis
qu'il est verité & ennemy de la fausseté & du mensonge. Or tout bien

& toute vertu doit venir de luy, côme dit S. Iacques. Ce qui fait que S.
Augustin appelle ces humilitez qui
ne sont point dans la verité, fausses
humilitez & trompeuses, *Fallax hu-*
militas. Et S. Iean dit expressement,
que si nous disons que nous n'auons
point de peché, nous nous seduisons, & n'auons pas en nous, non
l'humilité, mais *la verité, Ipsi nos se-*
ducimus, & veritas in nobis non est.
Pour nous moltrer que chacun est
obligé de recognoistre qu'il est pecheur, & qu'il a le peché dans luy
mesme, non seulement par humilité, mais aussi par verité. Car ces choses sont inseparables : & si les philosophes disent que la bonté & la verité sont tousiours ensemble dans la
nature, les Theologiens le doiuent
dire beaucoup plus dans la grace,
parce qu'elle approche dauantage,

& coule de plus prés de la source de
bonté & de verité, & en est vne image sans comparaison plus parfaicte
& plus diuine : Dire le contraire ne
peut estre excusé d'erreur, & d'vne
faute pernicieuse, qui n'a peu partir
que de personnes qui ne considerent
la religion qu'humainement, & ne
conçoiuent point la pieté & la vertu, non seulement en Chrestiens &
enfans de la lumiere de verité, mais
nõ pas mesmes en Philosophes; ains
seulement en gens qui veulent viure
dans les sentimens populaires, &
changer les vertus en ceremonies,
& les humilitez en ciuilitez. Car cette faute ne vient que de ce que l'aduersaire a pris l'humilité Chrestien-
ne pour vne de ces ciuilitez ordinai-
res, qui ne sont que simulations &
tromperies.

D'ailleurs l'erreur de cet homme

se destruit luy mesme. Car si les langages d'humilité ne sont vrays en
particulier, ils ne le peuuent estre en
general. Il est impossible que nous
soyons pecheurs en general, si nous
ne le sommes en particulier ; & ainsi
des autres propositions semblables :
pour ce que si nous ne sommes pecheurs en particulier, nous ne sommes point du nombre des pecheurs,
& c'est faussete & iniustice de nous
y mettre. Ainsi les propositions generales d'humilité, seront aussi fausses que les particulieres, & toute la
vertu ne sera que faussete & hypocrisie. Voila ou sont reduits ceux qui
veulent parler des matieres qui sur-
passent leur capacité.

Pag. 50. Apres auoir fait vn discours sans raison & sans suitte, &
qui se combat & se renuerse luy mesme, il dit qu'il est faux de dire en ge-

neral, que *nous ne sommes que peché.*
Que cette proposition, quoy qu'on
dise, est dans le sens de Luther, qu'elle embrasse les iustes & les SS. desquels il est faux de dire qu'ils ne sont
que peché. Tout cecy a esté desia respondu. On luy a dit que cette proposition ne côprend poinct les SS.
du Ciel, quoy qu'il le dissimule, pour
ne sçauoir que repliquer. Car pour
les iustes, & les SS. de la terre, il est
vray, & il est de Foy, qu'ils ne sont
que peché, puisque S. Paul l'vn des
plus grands SS. qui ayent esté, & selon S. Chrysostome absolument le
plus grand, dit en termes clairs: *Ie
sçay qu'il n'y a rien de bon en moy,*
c'est à dire *en ma chair.* Or cette
chair ne signifie pas seulement le
corps, comme il semble d'abord,
mais aussi l'ame, à cause de l'infirmité qui est esgallement espandue

par tout l'homme , selon laquelle
l'ame est aussi bien charnelle que le
corps. Car le mesme S. Paul appelle
les Corinthiens charnels , pour ce
qu'il y auoit parmy eux de l'emulation & des disputes, qui ne sont vices que de l'ame & de la raison. Et il
est clair que dans l'Escriture le mot
de Chair signifie tout l'homme pecheur , sans qu'il soit besoin d'en
produire des exemples. Or S. Paul
apres auoir dit, *Ie sçay qu'il n'y a rien
de bon en moy*, c'est à dire *en ma chair*;
adjouste, *le peché habite en moy*, pour
faire voir, que quand il a dit qu'il n'y
a rien de bon en luy, il a entendu
qu'il n'y a rien que peché, & que le
peché est le mal qu'il dit estre en luy.
Tellement qu'il appert de la verité
de la proposition que l'aduersaire
combat, & combien elle est differente de la doctrine de Luther. Car

Luther

Luther n'a laissé à l'homme nulle iustice interieure, & a condamné de
peché toutes ses actions & ses pensées. Au lieu que quand on dit qu'il
n'y a rien en nous que peché, nous
l'entendons non comme Luther,
mais comme S. Paul, qui expliquoit
en moy, c'est à dire *en ma chair:* & nous
expliquons pareillement en nous,
c'est à dire en nostre chair, & dans
l'infirmité du vieil homme, qui est
encor dans toutes les facultez & les
puissances de nostre ame & de nostre corps, & generallement dans
tout ce que nous sommes. Car c'est
cet estre mauuais que nous auons de
nous mesmes, & qui nous appartient en propre par la naissance du
vieil Adam ; & pour cette raison
nous le designons, quand nous disons *moy mesme,* ou *nous mesmes,* selon le langage & l'explication que

g

S. Paul nous apprend. On ne nie donc pas en parlant ainſi, qu'il y ayt en nous vn autre eſtre & vn autre homme, qui eſt l'eſtre de la nouuelle creature, & l'hóme nouueau qui eſt creé à l'image de celuy qui l'a fait dans vne ſainčteté de verité. Mais comme cet eſtre & cet homme nouueau eſt encor imparfaičt, l'autre ne laiſſe pas d'eſtre & de ſubſiſter dans nous, en ſorte, qu'il y a entr'eux vne inimitié & vne guerre continuelle, qui ne ceſſera que par la deſtručtion & l'aneantiſſement entier de l'vn ou de l'autre.

Pag. 50. Il dit qu'il eſt faux, qu'vn homme qui n'aura ny peché mortel ny peché veniel, ne ſoit que peché; & qu'on diroit auec plus de verité qu'il n'eſt que grace. Ce ſont deux erreurs, & deux hereſies Pelagiennes. Premierement, en ce qu'il suppose, qu'on peut estre en cette vie sans peché mortel & veniel: qui est vn poinct que les Pelagiens ont contesté jadis contre l'Eglise, qui les a códamnez comme destruisans les Escritures. Car sainct Iean dit clairement, que si nous disons que n'auós point de peché, la verité n'est pas en nous. Autrement nous ne pourrions dire tousiours à Dieu, *Dimitte nobis debita nostra*, comme le Fils de Dieu l'a appris à ses enfans, qui en ont tousiours besoin, sans excepter *ipsos arietes gregis*, c'est à dire les Apostres mesmes. Ie laisse les autres escritures & raisons, qu'il n'est pas necessaire de produire. Car cette faute procede de l'ignorance de la fragilité & de la misere interieure de l'hóme, laquelle germe tellement & produit ses effets à tous momens, qu'il y a fort peu d'actiós, quelques excellentes qu'el-

les paroissent dans les plus grands
Sainęts mesmes, qui soient entierement nettes. Ce qui doit faire iuger
quelles sont les autres. C'est pourquoy le Prophete dit, que ses pechez sont plus multipliez que les
cheueux de sa teste : Et le Prestre,
quelque iuste qu'il soit, prie tous les
iours à la Messe, *pro innumerabilibus
peccatis meis,* pour ses pechez innom-
brables, côfessant que le nombre en
est si grand, qu'il ne les cognoist plus
luy mesme, ny ne sçauroit les cognoistre.

La seconde Erreur dans ce peu de
paroles est en ce qu'il dit, que d'vn
homme qui n'auroit peché mortel
ny veniel (quand il s'en pourroit
trouuer quelqu'vn par vne grace
extraordinaire & miraculeuse dans
l'ordre mesme de la grace) on pourroit dire qu'il n'est rien que grace.

Car quand cet homme feroit auſſi
grand que S. Paul, encore feroit-il
vray de dire, *que le peché habite en luy,*
&, *qu'il n'y a rien de bon en luy,* c'eſt à
dire *en la chair,* &, *qu'il y a en luy vne*
Loy repugnante à celle de l'eſprit: Et
par conſequent il feroit faux & contre l'Eſcriture de dire qu'il n'y auroit
en luy que grace, & cela fe diroit
touſiours fauſſement iuſques à ce
que Dieu luy euſt oſté l'infection &
la concupiſcence de la nature : ce
qu'il ne fait qu'en l'autre vie. Car
quoy que de celuy qui a la grace on
puiſſe dire qu'il n'eſt que peché, par
ce qu'il a la concupiſcence; on ne
peut pas dire de celuy qui a la concupiſcence, qu'il n'eſt que grace, encor qu'il a la grace & la iuſtice. Pource que celuy qui a la grace l'a d'vne
maniere fi pauure & fi defectueuſe,
qu'il ne peut ny s'en feruir ny la gar-

g iij

der sans vn secours particulier de
Dieu, qu'il ne peut meriter. Car
c'est Dieu qui donne le vouloir &
l'accomplissement. Et nous ne pouuons rien faire sans luy, selon l'Escriture : *& ad singulos actus datur gratia*, selon les Peres : Et la concupiscence nous combat sans cesse auec
tel aduantage qu'il n'y a rien qui
nous puisse garantir, que *gratia Dei
per Iesum Christum dominum nostrum*,
selon S. Paul. Ainsi celuy qui a la
grace, est obligé de se tenir dans la
crainte & le tremblement, par ce
quelle est tousiours en luy non seulement dans vne impuissance d'agir,
mais dans vne defectibilité, pour
parler ainsi, & dans vne indigence
qui approche fort prés du neant. Il
l'a côme celuy qui possede vn bien,
dont il ne peut vser, ny mesme le
posseder, que par la volonté & le

bon plaifir d'autruy; en forte qu'on le peut appeller plus veritablement pauure, que riche. Et fi le pupille, felon l'Apoftre, ne differe en rien de l'Efclaue, tandis qu'il eft foubs les Tuteurs, parce qu'il ne peut difpofer de ce qui eft à luy fans leur adueu; combien plus celuy qui a la grace eft dans la pauureté & l'indigence de la grace mefme, & l'a cóme ne l'ayant point, puifque non feulement il n'a la puiffance d'en vfer, mais non pas mefme de la garder vn feul moment, que par la pure mifericorde & la volonté gratuite de Dieu? Tellement que la poffeffion mefme qu'il en a n'eftant que comme precaire, & toute dependante du bon plaifir de Dieu, & enuironnée de pauureté & d'impuiffance au dehors & au dedans; c'eft ruiner la verité des Efcritures & de l'Eglife, de

dire qu'vn tel homme n'eſt que grace.

Mais parce qu'il a en luy meſme
la fontaine de tous pechez, & l'a
auec tant de plenitude, de force &
de vehemence, qu'elle eſt preſte à ſe
deſborder à tous momens par toutes les facultez de l'ame & du corps,
ſi Dieu ne l'arreſte, comme par violance ; on dit veritablement qu'il
n'eſt en ſoy que peché. Car il eſt tellement diſpoſé à pecher, qu'il ſe rem-
pliroit tout de crimes, & eſtouffe-
roit en vn moment la grace qui eſt
en luy, s'il eſtoit ſeulement laiſſé à
luy meſme. Ce qui eſt tellement
vray que S. Auguſtin pour cette raiſon demande pardon à Dieu dans
ſes confeſſions, non ſeulement des
pechez qu'il a commis, mais auſſi de
ceux qu'il n'a pas commis, reco-
gnoiſſant qu'il eſtoit tout porté à
les

les faire, & qu'il n'a pas tenu à luy,
mais à la seule misericorde de Dieu,
qu'il ne les a pas faits.

Pag. 50. Apres auoir dit, que l'hôme qui est sans peché mortel & veniel n'est que grace, Il adiouste qu'il
ne sert rien de dire que ce qui est de
luy, n'est que peché ; *Car cela ne dit
autre chose, sinon qu'il a eu d'autre fois
le peche par luy mesme; & par cette raison l on pourroit dire que tous les Saincts
de Paradis ne sont rien que pechez.* Il
entasse les erreurs & les heresies cóme à l'enuy l'vne sur l'autre. Car soustenir que quand on dit, que ce qui
est de l'homme n'est que peché, cela
ne signifie autre chose sinon qu'il a
eu autre fois le peché, c'est ruiner les
Escritures, c'est oster la concupiscence, c'est nier la grace de I. C. qui ne
seroit pas necessaire sans la concupiscence, sans laquelle nous serions

h

dans l'eſtat d'innocence ; bref c'eſt
entierement entrer dans le party des
Pelagiens. Sainct Paul recognoiſ-
ſoit bien dans luy autre choſe que
les pechez paſſez, quand il diſoit,
Scio quia habitat in me peccatum. Il ne
dit pas qu'il a eu autre fois le peché,
mais il declare expreſſement que le
peché habite encore dans luy. Cela
ſe dit dans tout le reſte des Eſcritures
& des Peres , qu'il n'eſt pas beſoin
d'alleguer apres ce paſſage, qui ſuffit,
& apres ce qui a eſte dit en la reſponſe precedente côtre cette erreur, qui
n'eſt qu'vne ſuitte de celuy qu'on y
a pleinement refuté. Il paroiſt bien
que ces gens cognoiſſent auſſi peu la
miſere de l'homme que la grace de
Dieu, & qu'ils conſiderent l'vne &
l'autre par leurs fantaiſies, par les
ſentimens populaires, par les maximes des Philoſophes Payens,& non

par celle de I.C. & de l'Eglise. Auoir
en foy vne fource continuelle de peché, qui jallit fans ceffe en la mort
eternelle, fi Dieu mefme ne la bouche & ne l'arrefte par la vertu fouue-
raine de fa Diuinité, en mettant dans
nous cette autre fontaine d'eau viue
qui jallit en la vie eternelle ; & voir
dans foy, dans fon corps, dans fon
ame, & au milieu des plus fecrettes
penfees de l'efprit la loy de mort prefte à nous entraifner malgré nous &
captiuer foubs la loy de peché ; c'eft
bien eftre pecheur à d'autre tiltre
que d'auoir peché autre fois ; & c'eft
bien auoir en foy vn autre mal &
vne autre infection de peché, que
celle qui n'eft plus, & dont on a def-
ja efté deliuré.

Car quát à ce que l'aduerfaire adjoufte, qu'on peut dire que les bien-
heureux ne font de foy que peché,

au mesme sens que les Sainćts qui
sont dans le monde, parce qu'ils ont
autre fois peché; c'est vne seconde
impieté contraire à la premiere. Car
par la premiere erreur il esleuoit les
Sainćts de cette vie au vray estat des
bien-heureux; & par celle-cy il reduit les bien-heureux au vray estat
des voyageurs, & des pecheurs de
cette vie, en maintenant qu'on peut
dire que de soy ils ne sont que peché au mesme sens qu'on le dit des
Sainćts qui sont encore parmy nous.
La fausseté de cet erreur appert par
la refutation de l'autre. Car comme
les Sainćts de cette vie ne sont de soy
que peché, à cause qu'ils ont encore
dans eux la racine & le corps de peché qui germe & pousse sans cesser
iamais qu'autant que Dieu l'arreste
par sa grace; ainsi il est faux que les
bien-heureux ne soient de soy que

peché, pour ce qu'ils n'ont dans eux
rien qui ne ſoit tout pur & ſainct,
tout glorieux & tout diuin, & que
c'eſt d'eux proprement qu'il faut dire qu'ils ſont, non tous grace, mais
tous gloire, & pour parler ainſi, tous
Dieux , pour ce qu'ils n'ont vie &
ſubſiſtance qu'en Dieu ſeul, eſtans
ſemblables à luy, & vn meſme eſprit
auec luy, qui eſt dans vne parfaicte
vnité auec eux, & comme dit S. Paul,
Deus omnia in omnibus, tout Dieu
dans eux tous.

Pag. 57. A la propoſition de la Fille, *qu'en nous meſmes en l'eſtat de la gra-*
ce il n'y a rien qui ſoit digne de la ſain-
cteté de I. C. Il oppoſe que nous meritons *de condigno* le Paradis & Dieu
meſme ; & qu'ainſi il y a dans les
ames quelque choſe qui eſt digne de
Dieu. A quoy on peut premierement reſpondre ce qu'il dit luy meſ-

me plus bas, *Que l'ame ne peut, aidée
mesme de la grace;* pag. 80. *paruenir
iusques à Dieu, ny meriter de le posseder
& iouir de sa gloire.* Car la grace &
les œuures de la creature sont tousiours
finies & bornees, & luy infiny & sans
bornes; adioustant que neantmoins
Dieu par condescendance a voulu
que ces œuures meritassent, comme
par dessus leur dignité & leur force.
Que si la grace mesmes, selon luy,
n'est pas digne de la saincteté de
Dieu; qui ne s'estonnera de voir
qu'il combat ceux qui disent que les
ames n'ont rien en elles, quoy que
dans l'estat de grace, digne de la saincteté de I. C. Il dit donc beaucoup
plus que la Fille qu'il veut reprendre, laquelle n'auroit garde de faire
à la grace de Dieu l'iniure & le tort
qu'il luy fait. Car la proposition de
la Fille est veritable en diuerses ma-

nieres, dont plusieurs ont esté al-
leguées, ausquelles il ne respód rien,
mais les dissimule tousiours honteusement; & on en peut briefuement
alleguer encore d'autres. Premierement, parce que la iustice mesme de
l'home en cette vie est tousiours im-
parfaicte, & meslée d'impuretez &
de defauts, Dieu s'estant reserué de
rendre en l'autre vie les Saincts particuliers, cóme tout le corps de l'E-
glise, exempt de tâches & de rides &
de toute autre chose semblable. De
maniere que S. Gregoire le Grand a
bien osé dire en diuers endroits, que
nostre iustice est iniustice, *Iustitia nostra est iniustitia*. Ce qui fait voir comment on peut dire qu'elle n'a rien
qui soit digne de la saincteté de I.C.
non à cause d'elle mesme, mais à cause des tâches & des imperfectiós que
nous y meslons tousiours. Seconde-

ment, par ce que l'ame, en l'eſtat
meſme de grace, retient touſiours
icy ſon eſtre impur & mauuais, par
lequel elle eſt jſſuë du premier
Adam, & qui eſt comme la ſemence
du peché originel, ſans laquelle il n'y
en auroit point. D'où vient que la
grace ne l'empeſche pas d'eſtre touſ-
jours indigne en elle meſme, & de
porter ſon indignité dans ce qu'elle
eſt de ſoy. A quoy il ne faut obieĉter
qu'elle merite, *de condigno* ; par ce
qu'elle merite par l'eſtre diuin qu'elle a de Dieu, & non par l'eſtre mauuais qu'elle a à part ſoy, par lequel
elle demeure touſiours indigne. Et
c'eſt ce qu'on veut dire quand on dit
qu'il n'y a rien en nous, dans l'eſtat
meſme de la grace, digne de la ſain-
ĉteté de I. C. Car *en nous*, ſignifie en
noſtre chair, comme nous auons veu
cy-deuant que S. Paul a explicqué,

en

en moy, c'est à dire *en ma chair*, en
mon infirmité, en mon ame confi-
derée en elle mefme foubs l'eftre
mauuais & charnel qu'elle a de foy,
& qu'elle garde toufiours en cette
vie. Car la chair de l'ame, c'eft la con-
cupifcence.

Pag. 38. A ce qu'on auoit dit, que
dans ce texte, *Probauit eos & inuenit
illos dignos fe*, la dignité attribuée aux
iuftes fe rapporte à Dieu & au S. Efprit, qui les a fait dignes en les efprouuant, Il refpond, quoy'qu'en
fon iargon confus, que lors qu'on
efprouue l'or à la couppelle, il eft
vrayement or, & l'eftoit auparauât,
& que par côfequent les Saincts deuoient eftre dignes lors que Dieu les
efprouuant, les a trouuez tels. Mais
il erre dans les principes & parle en
homme plus capable d'entendre vn
meftier, que les myfteres de la Foy.

i

Car il y a difference entre l'espreuue
de l'or, & l'espreuue des iustes. Quoy
qu'il y ayt quelques conuenances,
pour lesquelles l'Escriture les compare; Il ne laisse pas d'y auoir de grã-
des diuersitez, lesquelles il ne faut
pas cõfondre. Car l'or ne deuient pas
meilleur à la couppelle, qui le laisse
tel qu'il estoit, beaucoup moins deuient il or, si c'estoit vn autre metail.
Mais par l'espreuue que Dieu fait des
siens, ils deuiennent plus iustes, s'ils
l'estoient desia; & commencent de
l'estre s'ils ne l'estoient pas. Car l'af-
fliction de Dieu, & la tristesse qui est
de Dieu, comme dit l'Apostre, donne de l'entendement, c'est à dire &
Foy, & accroissement de Foy, selon
le mesme Apostre, *Tribulatio patien-*
tiam operatur, Patientia probationem,
probatio vero spem, Spes autem non con-
fundit, quia charitas Dei diffusa est in

cordibus nostris per Spiritum Sanctum.
Il monstre que la tribulation & l'espreuue vont iusquesà produire dans
nous vne excellence non commune
d'esperance & de charité, & de plenitude de S. Esprit; Etqu'ainsi ona
dit auec grand raison que la dignité
qui est dans les Saincts vient de l'espreuue que Dieu en fait, & ne la suppose point necessairement comme
la couppelle suppose l'or. Ce qui se
rapporte d'autant mieux au passage
dont il est question, qu'il parle des
afflictions & des peines dont Dieu a
esprouué les Saincts iusques à la
mort & iusques à l'entree du Ciel,
dans lequel il les considere; comme
il est manifeste par tout le texte de la
Sapience, d'où ce passage a esté pris.
Car cette espreuue finale & estenduë iusques en l'autre vie, les a con-
tinuellement rendus dignes, & asi-

nalement consommé cette dignité
qu'ils ont dans le Ciel, laquelle le
Prophete loué & exalte. Tellement
que ce passage en toutes manieres
ne conclud rien contre ce qu'on dit,
qu'il n'y a en nous icy, dans l'estat
mesme de la grace, rien qui soit digne de la saincteté de I. C.

 Pag. 58. Ce qu'on dit auec l'Escriture, que les iustes n'ont de soy
nulle dignité pour I. C. il les prend
comme si cela ne signifioit sinon
qu'ils ont receu leur dignité de luy,
& que sans luy ils ne l'ont peu auoir.
A quoy on n'a iamais songé. Car outre que nous n'auons la iustice & la
dignité qui est en nous que par pur
don, & par misericorde gratuite de
I. C. nous auons tousiours dás nous
vne indignité & vne impureté (laquelle S. Paul nomme peché, par ce
qu'elle en contient toutes les causes,

les dispositions, & les mouuemens)
qui tend sans cesse à nous oster cette
dignité de grace, qui nous a esté dó-
née, & la cobat auec tant dauantage,
qu'elle nous la rauiroit à tous mo-
més s'il ne la soustenoit par la mesme
liberalité & misericorde qu'il nous
l'a donnée. Et c'est dans cette infection, & dans les effects qu'elle produit, que cósiste cette indignité d'approcher de la saincteté de I. C. que
nous auons tousiours en cette vie,
quelque grace qu'il nous donne.

Pag. 59. Il dit que quád nous pro-
nonçons la priere que l'Eglise nous
fait dire en allant à la communion,
Seigneur ie ne suis pas digne que vous en-
triez dans moy, il n'est pas necessaire
que cette proposition soit vraye de
chacun en particulier, & que cela se
dit seulement par humilité, comme
il a dit auparauant. Il ne se peut rien

i iiij

dire de plus iniurieux côtre l'Eglise:
comme si pour nous humilier elle
nous portoit à mentir; & quelle ne
peut nous apprendre à le faire sans se
seruir de menterie, & qu'il ne valust
pas mieux ne s'humilier point, que
mentir par humilité à Dieu & au S.
Esprit lors qu'on se presente deuant
le mystere le plus diuin, & le plus sa-
cre signe de sa charité infinie, qu'il
aye laissé en terre. Ce n'est pas le
moyen d'obtenir de luy la vie qu'il
prepare dans ce tres S. Sacrement.
Car si ceux qui mentirent deuant vn
homme furent frappez de mort sur
le champ, pour ce, dit l'Escriture,
qu'ils oserent mentir au S. Esprit, auquel ils ne sembloient point parler;
Que sera ce de ceux qui se presen-
tent deuant I. C. mesme plein & en-
uironné du sainct Esprit, & de toute la sainte Trinité, auec des humi-

liations qui ne font que fauſſetez &
menteries?

Pag. 60. Il ſ'efforce de trouuer la
verite de ces paroles, *Ie ne ſuis pas digne que vous entriez dans mon corps,*
apres qu'il l'a deſtruite. Car ſouſte-
nant qu'il n'y a point d'indignité veritable en ceux qui la diſent, il veut
neantmoins qu'ils puiſſent dire veritablement qu'ils ſont indignes, c'eſt
à dire qu'ils puiſſent mentir auec verité. Ce deſſein eſtant extrauagant,
il ne faut pas ſ'eſtonner ſ'il le contraint à dire des extrauagances.

Premierement, il dit que perſonne ne peut dire auec certitude, que
luy ou vn autre eſt digne que I. C.
ſ'approche de luy; qu'ainſi *Seigneur
ie ne ſuis pas digne,* ſignifie ie ne ſçay
ſi ie ſuis digne. Cette reſponce outre ſon impertinence euidente, ſe
renuerſe en pluſieurs manieres, pre-

P

mierement la glose destruit le texte.
Car si vous ne sçauez si vous estes digne, comment dites vous que vous
ne l'estes pas ? Et si vous dites que
vous ne l'estes pas, vous sçauez donc
que vous n'estes pas digne. Il est impossible d'euiter dans ce lágage vne
menterie, & vne contradiction manifeste. Car autant ment celuy qui
declare qu'il sçait ce qu'en effet il ne
sçait pas, que celuy qui ne sçait pas
ce qu'il declare.

D'ailleurs, autre chose est ne sçauoir pas si on est digne, & autre chose dire qu'on est indigne. Encor que
ie ne puisse pas sçauoir auec entiere
certitude que moy ou vn autre sommes en estat de grace & dignes d'approcher le S. Sacrement; ie ne puis
pourtant pas dire que nous ne sommes pas en grace, & qu'en ce sens
nous sommes indignes, sur tout lors

que

que l'on fait ce qu'on peut pour se
rendre digne & qu'on se presente à
la saincte Cómunion. Ainsi la proposition, *Seigneur ie ne suis pas digne,*
sera encore fausse & temeraire, &
suffira pour rendre vn hóme vrayement indigne, s'il vient à I. C. auec
cette disposition. Mais l'impertinence de cette glose paroist beaucoup plus si on considere, qu'encor
qu'on ne puisse pas sçauoir auec certitude de Foy, comme disent les Huguenots, qu'on est digne & en bon
estat, on le peut pourtát sçauoir auec
certitude de confiance, qu'on appelle ordinairement certitude morale,
laquelle on peut auoir & de soy &
des autres. Car c'est ainsi que S. Paul
disoit qu'il estoit certain que rien ne
le separeroit, ny luy ny les autres fideles, de la charité de I. C. C'est ainsi
qu'il disoit qu'il estoit certain que la

k

vraye Foy estoit dás Timothée. C'est
ainsi qu'il escriuoit aux Corinthiens
qu'ils deuoient cognoistre que I.C.
estoit en eux ; où qu autrement ils
estoient reprouuez. C'est ainsi qu'il
escriuoit aux Romains qu'il estoit
certain qu'ils estoient remplis de
charité. Bref, pour ne recueillir pas
en ce lieu toutes les Escritures semblables, c'est ainsi que S. Pierre ad-
uertit tous les Chrestiens de rendre
leur vocation certaine par les bónes
œuures. Que si on a iamais cette certitude, c'est lors qu'apres s'estre mis
soigneusement en bon estat, on s'of-
fre à ce S. Sacrement pour luy dóner
& receuoir de luy les gages mutuels
d vne affection & d'vne charité sin-
cere. Qu'elle apparence y a il donc,
qu'ayant certitude d'estre digne, on
aille dire publiquement à I.C. qu'on
ne l'a pas; & qui plus est, qu'on luy

declare qu'on est indigne? N'est-ce
pas se moquer de Dieu & de ses mysteres, & dementir son propre sentiment? Il est donc manifeste qu'il est
faux de dire dans ces circonstances
qu'on n'est pas asseuré si on est digne, puisque l'Escriture dit le contraire, & que nous auons vne vraye
certitude & vne asseuráce aussi grande que nous pouuons auoir en cette
vie des choses qui nous importent le
plus. Tellement que nostre homme
sera reduit à dire que nous n'auons
pas vne certitude de Foy de nostre
dignité; Et ainsi, *Seigneur ie ne suis
pas digne que vous entriez dans moy*, si-
gnifiera, Seigneur ie ne suis pas certain de certitude de Foy, quoy que
ie le sois de certitude morale, d'estre
digne que vous veniez à moy. Qui
est vne explication qui n'est digne
que de celuy qui n'est pas digne de

parler des choſes ſainctes dont il ne cognoiſt pas les premiers princi-pes.

Pag.60. Il dit, que quand meſme on ſçauroit qu'on eſt digne, on pourroit dire qu'on ne l'eſt pas: par-ce que ce ſeroit vn acte d'humilité. En quoy il continuë touſiours à prendre la menterie pour humilité, & à changer les vertus Chreſtiennes en ceremonies denuées de verité: Côme ſi Dieu eſtoit ſemblable aux hommes, qui ſe laiſſent tromper par vne vaine apparence d'humilité, & prennent meſme ſouuent plaiſir aux deſguiſemens & aux affetteries. Au lieu qu'il ne regarde que le cœur, du fonds duquel il veut eſtre aimé, ne receüant que les ſeruices qu'on luy rend *en eſprit & verité*, puis qu'il a luy meſme deſcrit en ces mots, ſes ſeruiteurs de la loy nouuelle, & qu'il

a dit qu'il est venu luy mesme pour
estre nostre chef , *plein de grace &
de verité*.

Pag.60. Ces explications ne con-
tentās pas son esprit, il s'efforce d'en
trouuer d'aütres. Il dit donc que ces
paroles, *Seigneur ie ne suis pas digne*, si-
gnifient, ie ne suis pas digne des graces que j'ay receu de vous. Ce qui est
se moquer de Dieu , puis qu'on dit,
nō qu'on n'est pas digne de ce qu'on
a desia receu , mais qu'on ne l'est pas
de ce qu'on va receuoir lors qu'il en-
trera luy mesme dans nous.

Item, ie ne suis pas digne que vous
entriez dans moy, c'est à dire, que
vous m'ayez pardonné mes pechez.
Ces extrauagances seroient incroyables, si elles n'estoient imprimées en
si beau papier , & en lettre si bien
moulée. C'est dōmage que le Com-
positeur n'a esté aussi habile que

k iij

l'Imprimeur. C'eſt vne honte qu'on
oſe produire en public des conceptions ſi eſgarées, & qu'on diſcoure
auec tant de hardieſſe de ce qui ſur-
paſſe la capacité de ceux qui l'entre-
prennent. Mais ce ſont gens qui ne
ſe ſoucient que de pouuoir dire
qu'ils ont reſpondu, & croyant que
la plus grande partie des hommes
n'entend, ou ne ſe met en peine des
choſes de Dieu, aimeroient mieux
dire toutes ſortes de ſottiſes que ſe
taire & confeſſer qu'ils ſe ſont enga-
gez auec trop de precipitation dans
cette affaire.

Pag. 60. Aprés ſ'eſtre tourné de
tous coſtez pour ſe deliurer de ce
paſſage ſi euident, que pour l'oſer
ſeulement eluder, cóme il fait, il faut
auoir vn front de bronze, recognoiſ-
ſant que toutes ſes autres explications ſont friuoles & indignes de ce

luy qui se plaint qu'on dóne aux paroles de la Fille des interpretations
esloignées; Il en propose vne derniere, qui est que *Seigneur, ie ne suis
pas digne*, signifie ie ne suis pas digne
que vous me tesmoigniez ainsi vo-
stre amour & vous rabbaissez tant
pour moy. Ce qui pourroit bien estre dit par quelqu'autre, mais non
par celuy qui ne recognoist nulle veritable indignité dás les iustes, comme cet homme. Car si nous sommes
dignes de la saincteté & de l'amour
parfaict & infiny que I.C. nous porte, pourquoy ne le serons nous pas
de cet abbaissement, qui n'est qu'vn
effect de l'amour dót nous sommes
dignes ? Si nous sommes dignes de
la cause, qui ne void que nous le
sommes beaucoup plus de l'effect,
lequel est contenu dans la cause, &
en est surmonté infiniment ? D'ail-

leurs ſi nous meritons & ſommes
vrayement dignes que I. C. ſe dóne
à nous dans la gloire en vne maniere
toute parfaicte & diuine, comment
ne le ſommes nous pas qu'il ſe donne à nous au S. Sacrement en vne
maniere ſans comparaiſon plus im-
parfaicte & plus humaine ? Car la
maniere dont il ſe dóne à nous au S.
Sacrement, n'eſt que l'image & la figure de celle dont il ſe donnera à
nous dans le Ciel, comme dit S. Denys, & apres luy les autres Peres.
Que ſi nous ſommes dignes de la
verité & de la fin, qui ne void que
nous le ſommes beaucoup plus de
la figure & du moyen ? Si nous ſommes dignes de manger dans le Ciel
le pain des Anges en la maniere que
le mangent les Anges; pourquoy ne
ſommes nous pas dignes de le manger ſur la terre, en la maniere que le

man-

mangent les hommes? Si nous sommes dignes de le manger à face des-
couuerte, combien plus de le mager
caché soubs des voiles si obscurs? Si
nous sommes dignes de le mager en
hommes parfaicts & côme la viande
des forts; combien plus de le manger en enfans imparfaicts & transf-
mué en laict, comme parle S. Augustin? Bref si nous sommes dignes de
le manger en plenitude & abondance, combien plus dans la participation de peu de ses effects? Si nous
sommes dignes de le manger eter-
nellement, combien plus de le manger temporellement & par interual-
les? Ainsi l'eschapatoire de cet home
est encore inutile, & ne peut estre
receu que de ceux qui ne comprennent point le fonds des choses, &
s'attachent à la premiere apparence
des discours populaires.

F

Pag. 62. Il dit que la concupiscence nous ayde souuent à meriter, &
rend le merite plus grãd. Cette proposition ne peut estre exemptée d'erreur & d'heresie. Car elle signifie
que la concupiscence pour le moins
n'est pas mauuaise, puis qu'elle nous
ayde à meriter, & augmente mesme
le merite. S'il eut dit qu'elle nous
est occasion de meriter, il y auroit
moins de mal : Mais de dire qu'elle
aide à meriter, & à meriter dauantage, c'est ce qui n'est point tolerable.
L'Escriture cõdamne cet erreur par
la bouche de S. Paul, qui dit, qu'il
void en luy vne autre loy qui repugne à la loy de son esprit, & l'entraine comme captif soubs la loy du peché. C'est pourquoy il se plaint ailleurs qu'il ne fait pas le bien qu'il
veut, mais le mal qu'il ne veut pas, &
que le peché, c'est à dire la concupis-

cence, qui habite en luy , l'empefche
de faire parfaictement le bien, quoy
qu'il en ayt la voloté. Que fi elle entraine l'homme comme captif, &
comme par force foubs le peche, fy
elle eft caufe qu'il ne fait pas le bien
qu'il veut, mais le mal qu'il ne veut
pas; fy elle l'empefche d'operer parfaictement le bien qu'il voudroit;
qui ofera dire qu'elle aide à meriter,
& rend mefme le merite plus grand?
Auffi y a il dás cette propofition vne
contradiction manifefte , que l'aduerfaire ne void pas. Car tout le de-
faut & l'imperfection qui fe trouue
dans noftre merite ne vient que de la
cócupifcéce, qui traine l'ame en bas,
& emporte toufiours vne partie de
fes puiffances & de fes affections, en
forte qu'elle ne peut iamais s'appli-
quer à Dieu totalement en cette vie,
comme elle fera dás le Ciel, lors que

ceſt eſtre du peché ſera entierement
deſtruict en elle. Que ſi toute la di-
minution & la defectuoſité du merite vient de ce poids contraire, & de
cette concupiſcence qui traine touſ-
jours l'homme en bas vers la creature, cóment pourra-on dire que l'ac-
croiſſement du merite vient auſſi
d'elle? Comme ſi vne choſe pouuoit
augmenter & diminuer, aider & empeſcher tout enſemble vn meſme effect. Ce ſont des incompoſſibilitez
& des ignorances inouyes: & ie ne
ſuis marry que de la preſomption de
ce pauure hóme qui ſ'aduance à diſ-
courir des matieres où il ſent bien
qu'il eſt ſi peu inſtruit.

Ce qui la trompé c'eſt vne maxime de l'eſchole mal entenduë. Car
ces gens forgent touſiours leurs erreurs ſur quelque fondement ſemblable, en ſorte qu'il vaudroit mieux

qu'ils n'euſſent iamais rien apris, que
d'auoir acquis vne ſcience imparfai-
cte qui ne ſert qu'à leur donner de la
preſomption pour faire plus hardiment des fautes. Il a ouy dire que la
difficulté augmente le merite. D'où
il a inferé que puiſque la concupiſcence rend le merite plus difficile, elle le rend auſſi plus grand. Mais il n'a
pas ſceu que cette maxime s'entend
des difficultez qui ſont hors la volonté, & qui ſeruent à la renforcer
interieurement, comme par antipe-
riſtaſe: Et nõ des difficultez qui ſont
dans la puiſſance meſme & dans la
volonté, & l'abbatent & affoiblis-
ſent. Car celles cy empeſchent le
merite & le rendent touſiours plus
petit, par ce que la puiſſance affoi-
blie agit plus imparfaictement. Ainſi la concupiſcence qui eſt vne lan-
gueur & vn affoibliſſement de la vo-

lonté, ne peut l'aider à meriter, ny
rendre son merite plus grand, mais
tousiours plus imparfaict & defectueux. Au lieu que les oppositions
exterieures qu'elle rencontre, c'est à
dire non seulement celles qui sont
exterieurement à l'homme, comme
les persecutions, mais aussi celles qui
sont exterieures à la seule volonté,
quoy que dans l'homme mesmes,
comme l'obscurité de la foy, les sug-
gestions du demon, & semblables,
seruent à meriter & à rendre le merite plus grand, non tousiours, mais
lors seulement que la volonté se roi-
dissant contr'elles, deuient plus forte & plus vigoureuse. Car si elle leur
cede, ou laisse r'allentir son mouuement par leur opposition, elles ne
luy seruent plus, mais luy nuisent &
empeschent & affoiblissent son action & son merite aussi bien qu'elle
mesme.

Ainsi l'aduerſaire ſe trompe de
tous coſtez. Et pour voir dauantage
ſon erreur, il ne faut que conſiderer
que celuy qui diroit que les mauuaiſes habitudes contractées par vne
longue accouſtumáce de pecher ai-
dent l'homme à eſtre vertueux, &
rendent ſes actiós de vertu plus for-
tes, ſeroit iugé combattre non ſeulement toutes les maximes des ſçauás,
mais l'experience meſme & le ſens
commun. Que ſi on ne le peut dire
des mauuaiſes habitudes, combien
moins de la concupiſcence, qui eſt
ſans cóparaiſon plus puiſſante, plus
enracinée, plus naturelle & plus inſeparable de l'homme, & de qui les
mauuaiſes habitudes meſmes ne
ſont que les effects & les ruiſſeaux,
deſquels elle eſt la racine & la ſource
generale, comme la grace l'eſt des
bonnes ?

Bref, tant s'en faut qu'on puisse
dire selon les principes de nostre religion que la concupiscence nous aide à meriter, que S. Paul declarant
que la loy de Dieu estoit bonne &
saincte, neantmoins tant s'en faut
qu'il ayt iamais dit qu'elle aidoit à
bien faire, qu'au contraire, il a tousjours maintenu quelle n'a seruy qu'à
pecher, qu'elle a esté establie pour
les transgressions, quelle a operé la
cholere de Dieu; & pour cette raison l'a nommée loy de peché, & loy
de mort. Coment dira-on donc que
la cocupiscence, qui est vne engean-
ce de mal, & la source de tous nos
pechez & de tous nos defauts, nous
aide à meriter, puis que selon l'Apostre, la loy mesme de Dieu n'a seruy,
à son peuple que pour le rendre plus
criminel?

Pag.62. Il ne comprend pas comment

ment l'homme iuste est digne & indigne tout ensemble, & demáde ou
le defenseur a le sens de le dire, comme estant vne contradiction manifeste. Pauure homme. Il ne void pas
que cela vient de ce que l'homme iuste en cette vie n'est digne qu'imparfaictement : comme qui diroit d'vn
malade qui n'est pas encor bien remis, qu'il est fort & foible tout ensemble ; & d'vn homme qui ne sçait
pas entierement vne chose, qu'il l'a
sçait & qu'il l'ignore. Car que l'ame
iuste soit saine & malade tout ensemble, il appert de ce que les Saincts
demandent souuent à Dieu, qu'il
guerisse leurs playes, & quand nous
nous presentons en bon estat à la
saincte Cómunion, l'Eglise ne laisse
pas de nous faire dire à I.C. *Seigneur,
dites seulement vne parole, & mon ame
sera guerie.*

m

Pag. 63. Il retombe dans l'erreur
d'ou il a defia esté releué, & croid que
quand on dit que l'homme iuste est
de luy mesme indigne, cela ne signifie sinon que la dignité luy est venuë
de Dieu; mais qu'au reste il n'a plus
nulle indignité, & va iusques à dire,
que *lors il n'est plus indigne par soy*,
pour ce que l'indignité qu'il auoit
auparauant par soy, n'est plus, & que
la grace la chassée. Paroles estráges,
& indignes d'vn Chrestien. Car qui
peut nier que l'homme iuste apres la
remission du peché retient tousiours
l'impureté de la concupiscence, laquelle S. Paul appelle peché, quand
il dit que le peché habite encor en
luy? Et bien que cette infection ny
soit pas en la mesme maniere quelle
y estoit deuant la grace, parce que la
grace en oste la coulpe & l'indignité principale; Elle ne laisse pas d'y

demeurer touſiours comme vn feu
preſt à tous momens d'embraſer
l'ame, & la conſommer dans le peché. Tellement qu'encor que l'hóme iuſte n'ait pas en ſoy vne ſi gráde
indignité qu'il auoit auparauant, il
retient touſiours neantmoins cette
autre indignité, qui eſt ſi bien du peché, & du vieil Adam, qu'elle eſt nó-
mée peché dans l'Eſcriture ; & qui a
vne telle oppoſition à la dignité & à
la ſainéteté de I. C. qu'ayát pris toutes les reſſemblances qu'il a peu de la
chair du peché, il n'a pas pris celle-
cy, cómme incompatible aueç ſa pu-
reté. Ce qui paroiſt encor plus, en ce
qu'il eſt impoſſible que l'ame entre
dans le Ciel en cet eſtat, & qu'il faut
qu'elle en ſoit premierement net-
toyée, parce que rien n'y entre qui
ne ſoit parfaiétement pur, & digne
de la ſainéteté de Dieu. Ainſi l'er-

m ij

reur de noſtre docteur procede de
ce qu'outre l'indignité de la coulpe,
qui eſt la principale, il n'en reco-
gnoiſt pas vne ſecóde & moins principale, qui eſt celle de la cócupiſcen-
ce, qui participe auſſi bien à l'indignité qu'au nom du peché, quoy
qu'en vne maniere inferieure, &
produit inceſſamment de vrays pechez & de vraies indignitez formel-
les; & pour ces raiſons retient touſ-
jours l'homme dás la miſere & dans
la condition du peché.

Pag. 63. Il ſe trouue fort empeſ-
ché à expliquer le paſſage de S. Paul,
*Ie ne ſuis pas digne d'eſtre ſeulement
nommé Apoſtre*, qui a eſté cité pour
prouuer que les iuſtes retiennent
touſiours vne indignité veritable;
& s'y trouue auſſi embaraſſé qu'il l'a
eſté cy-deuant dans la priere que l'E-
gliſe fait dire aux Communians, *Sei-*

gneur ie ne *suis* pas digne que *vous entriez dans moy.* Car ces textes estant
clairs & formels, il est impossible de
les eschapper. Il fait donc les mesmes efforts qu'il a fait auparauãt, ne
se pouuant resoudre à dóner gloire
à la verité, & confesser son ignorance. Premierement, il dit qu'il ne códamne pas les sentimens d'indignité
& d'humilité que chacun peut auoir
en son particulier : Voulant dire ce
qu'il a declaré auparauant, qu'encor
que S. Paul ne fust pas indigne, &
qu'il sceust mesme ne l'estre pas, il
pouuoit toutesfois dire qu'il l'estoit
par humilité. Mais l'absurdité de
cette response qui met l'humilité
dans la menterie, accouplát les vertus & les vices, comme pour en faire
des monstres, a esté assez refutée.

Il dit secondement, que cela se
peut aussi entendre, *quant à l'excel-*

lence de l'Apostolat , pour la saincteté
& capacité qu'il requiert , c'est à dire
en termes clairs & François, que S.
Paul n'auoit pas la saincteté & capacité requise à l'excellence de l'Apostolat, & qu'ainsi il en estoit indigne, Et cependant il a declare luy-
mesme que I. C. l'a rendu Ministre
capable du nouueau Testament, &
luy a donné vne suffisance & capacité qui n'estoit pas de luy , mais de
Dieu, Iesus-Christ mesme la nomme vase d'election , vase pretieux &
choisi , comme l'estant par dessus le
commun des Apostres ; lesquels par
cósequent auront esté bien incapa-
bles de leur ministere, si S. Paul l'a
esté. Car il tesmoigne luy mesme
qu'il a trauaillé plus abondamment
que les autres ; & S.Chrysostome ne
fait pas difficulté de l'esleuer en vertu & en grace par dessus tout le reste

des Chreſtiens. Cependát ſelon l'o-
pinion de noſtre incóparable Docteur, cét Apoſtre ſi grand & ſi excellent n'aura pas eu les qualitez &
la ſainċteté correſpondante à l'emi-
nence de ſa charge. Ie ne ſçay qui
pourra oüyr ce blaſpheme, mais
pluſtoſt cette hereſie condamnée ſi
ſolennellement par tant d'Oracles
de l'Eſcriture.

Pag. 64. La troiſieſme explication qu'il produit, eſt, Ie ne ſuis pas
digne d'eſtre ſeulement nómé Apoſtre, c'eſt à dire que Dieu m'ait donné la Foy & la Grace. Encore ad-
jouſte-il qu'il ſ'arreſte à cette derniere, & qu'elle luy ſemble plus dans le
ſens de l'Apoſtre. Qu'elles extraua-
gances-trouuera-on grandes apres
celle-cy? Et que n'oſera on apres
vne hardieſſe ſi inſigne? Il veut per-
ſuader qu'eſtre Apoſtre, c'eſt à dire,

auoir la Foy & la Grace. Comme s'il
vouloit declarer qu'il est de l'opinion de Iean Huz, qui a dit que les
puissances Ecclesiastiques, ne sont
que dans la Grace & la Charité, &
qu'elles n'appartiennent point aux
pecheurs, mais se perdent par le peché. Car en quel sens plus raisonnable peut on prendre cette glose extraordinaire, qu'estre Apostre, signifie auoir la Foy & la Grace?

Pag. 67. Il dit qu'il ne faut pas
imiter la parole de S. Pierre, *Retirez
vous de moy, Seigneur, car ie suis pecheur,* pour ce que selon S. Chrysostome, il ne faut pas imiter les Apostres deuant la venuë du S. Esprit. Il
deuoit citer le lieu, ou les paroles de
S. Chrysostome en vne chose si sin-
guliere. Car il y a subiet de croire
qu'il en fait accroire à ce S. par ce
que cette proposition est pernicieuse &

se & ruine de grands fondemens de
verité. Selon cela il ne faudroit pas
imiter la parole de S. Philippes, *Do-*
mine oftende nobis patrem, laquelle
toute l'Eglife imite dans fes prieres
publiques; ny celle de S. Thomas,
Eamus & nos, vt moriamur cum illo;
ny celle de S. Pierre, *Ecce nos reliqui-*
mus omnia, fur laquelle les Religieux
fondent leur perfection; ny celle du
mefme S. Pierre approuuát au nom
des autres Apoftres le myftere de ce
tres S. Sacrement, en ces mots, *Do-*
mine ad quem ibimus? verba vitæ æter-
næ habes. Et pour monftrer en particulier combien inconfiderement
il nie qu'on doiue imiter la parole
du mefme S. Pierre, dont il eft que-
ftion, S. Ambroife nous exhorte en
termes exprés de l'imiter: *Dic & tu,*
exi à me Domine quia homo peccator
fum, vt refpondeat tibi Dominus, noli

*timere indulgenti Domino peccatum
fateri.* Dictez-vous auſſi, Retirez-
vous de moy Seigneur, pour ce que
ie ſuis pecheur, afin que le Seigneur
vous reſponde, ne craignez de confeſſer voſtre peché au Seigneur mi-
ſericordieux : Ce qui eſt confirmé
par Gerſon, qui admire l'humilité
de S. Pierre en ces paroles, exhortant
tout le monde à l'imiter, & declare
qu'il a teſmoigné encore vne autre
fois le meſme ſentiment de reuerence enuers I. C. & que quand il
ſ'eſcria, Seigneur, vous me lauez les
pieds? c'eſt comme ſ'il euſt dit encore vne fois, Retirez vous de moy,
car ie ſuis pecheur. Il met à ſi haut
prix cette humilité de S. Pierre qu'il
eſtablit la plus grande perfection de
l'ame à l'imiter.

Pag. 67. Sa reſponſe ne le ſatisfai-
ſant point luy meſme, & ſentant le

remords qu'elle luy dóne, il en propose encor vne autre à son ordinaire; disant que, *Retirez vous de moy
Seigneur , par ce que ie suis pecheur,*
peut signifier, par ce que ie suis mortel, & subiet à la mort. Car il n'y a
response si absurde dont cet hóme
n'aime mieux se seruir que de cófes-
ser que la force de la verité est grande, & qu'elle l'emporte sur les in-
uentions de l'erreur. S'il est permis
de prendre ainsi selon sa fantaisie le
mot de *pecheur* pour mortel; Il n'y a
passage qu'on n'elude, & Caluin
s'est seruy d'vne explication pareille
pour renuerser la iustice interieure
des Saincts. Il ne produira iamais
nulle authorité qui confirme cette
glose inoüye. Et quand il n'y auroit
que cela, elle deuroit estre condamnée, par ce que c'est vn crime d'expliquer les Escritures de sa teste,

n ij

& non par l'authorité de la tradition.

Pag. 68. Il entend si peu ces matieres qu'il croit que demãder à I.C.
la remiſſion des pechez, c'eſt luy demander qu'il s'approche de nous
dans le S, Sacrement. Au lieu que
c'eſt le propre de ceux qui conſiderent auec humilité la grandeur de
leurs fautes, de s'eſloigner de ſa Ma-
jeſté, comme indignes de ſe preſen-
ter deuant elle, affin de ſe purifier
cependant par les exercices de la penitence. Apres qu'ils ont bien trauaillé à ſe rendre purs & nets, & dignes de le receuoir, c'eſt lors qu'ils
demandent qu'il s'approche d'eux.
C'eſt pourquoy chacun ſçait que les
penitens ont touſiours eſté ſeparez
par l'Egliſe de la Communion du
tres S. Sacrement, & qu'ils n'y ont
eſté remis qu'apres que le terme pre-

fix pour l'expiation entiere de leurs
pechez a esté expiré.

Sur le tiltre second,
Verité.

PAg. 71. Sur ce que la Fille a dit,
que les ames aillent à I. C. par
luy mesme, sans agir par leur estre
creé; Il replique, que soit qu'elles
agissent par leur estre propre, ou par
la grace, elles doiuent tousiours agir
par leur estre creé, parce que la grace mesme est vn estre creé. Il se trópe, n'entendant ny ce que la Fille
dit, ny ce qu'il dit luy mesme. Car
la Fille oppose *aller à I. C. par luy
mesme*, à *agir par son estre creé*; tesmoignant qu'elle cósidere ces choses separement, & que par agir par

son estre creé, elle entend agir par
l'estre creé seul, tel que les ames l'ont
d'elles mesmes. Or agir par la grace, n'est pas simplement agir par vn
estre creé ; par ce qu'il ne faut pas
cōsiderer la grace comme vne qualite philosophique seulement, comme fait tousiours ce Docteur ; Mais
il l'a faut considerer comme animée
du S. Esprit & de I. C. mesme qui est
resident & enfermé au milieu d'elle,
comme le Soleil dans ses rayons, &
habite & s'vnit intimement auec celle à l'ame d'vn homme iuste. C'est
pourquoy quand elles agissent par
la grace, elles agissent non par vne
qualité creée seulement, mais par
l'Esprit increé, & par I. C. mesme,
qui auec cette qualite les porte & les
applique comme il veut aux bonnes
actions qu'elles font. Au moyen dequoy il disoit aux Apostres, *Ce n'est*

pas vous qui parlez, mais c'est l'Esprit de mon Pere qui parle en vous. Et S. Paul apres luy, *Ce n'est pas moy, mais la grace de Dieu qui est auec moy.*

Pag. 72. A ce qu'on a dit que les ames doiuent agir, nõ par leur estre propre, mais par leur estre reparé & animé par I. C. Il respond que cela est hors de propos, parlant à des baptisez, qui par consequent non plus d'autre estre que celuy-là. Ie ne sçay ou ses illusions l'emportent. Car c'est & vne ignorance grossiere, & vne grossiere heresie, de dire que les baptisez n'ont plus que l'estre reparé & animé de I. C. Car ainsi ils seront parfaictement regenerez : Ce qu'ils ne peuuent estre en cette vie. Ils n'auront point de concupiscence, laquelle est vn reste de l'estre du peché, & vne puissance & disposition prochaine qui les côtient tous,

& vne maladie dont nous ne gue-
rissons entierement qu'en l'autre
vie, & à la destruction delaquelle
nous deuons sans cesse trauailler en
celle-cy, afin de la diminuer de plus
en plus, si nous ne pouuons l'ancan-
tir totalement. Ce qui fait que S.
Paul se plaint d'auoir encore le peché dans luy, & de n'auoir rien de
bon dans luy mesme, c'est à dire
dans sa chair, comme il a esté dit
souuent. Outre que les baptisez ne
peuuent estre exempts des pechez,
pour le moins veniels & des impuretez que cette cócupiscence pousse
tousiours & espand sur eux. D'où il
appert qu'elle erreur c'est d'asseurer
que dans les baptisez il n'y a plus que
l'estre reparé & animé de I. C. puisque
l'Escriture nous oblige de croire
que la corruption & le peché y est
encore. C'est tout ce qu'on pourroit

roit dire des bien heureux, ou des
hommes dans l'estat d'innocence.

Pag. 72. Il dit que les infideles &
pecheurs agissans par leur estre
soüillé de peché, peuuent obtenir
de Dieu la grace ; laquelle il leur
donnera s'ils font ce qu'ils peuuent
par cet estre mauuais. Il appelle cela *doctrine receuë de l'Eglise*. Ce qui
est vne calomnie & vne iniure faite
à l'Eglise, qui n'a iamais approuué
cette doctrine, & qui au contraire
l'a códamnée par plusieurs Canons
& authoritez des SS. Peres. Car ils
enseignent clairement que le commencement & la fin de nostre salut
viennent de Dieu & non de nous.
Ce qu'ils ont appris de S. Paul, qui
dit clairement que Dieu opere en
nous & le vouloir & l'execution ;
monstrant que nous ne pouuons
auoir nul desir ou volonté qui nous

ſerue, ſi Dieu ne la met & ne l'opere dans nous. Auſſi y a il vne repugnance manifeſte à dire que les actions d'vn eſtre mauuais & ſoüillé
de peché, & par conſequent mauuaiſes, puiſſent ſeruir deuant Dieu
à nous obtenir le ſalut. C'eſt vne
maxime contraire non ſeulement à
la foy, mais au ſens commun.

Pag. 75. Il dit que le peché eſt oppoſé à la bonté de Dieu, & non à
ſon infinité. Ne ſçachant pas qu'il
eſt oppoſé à tout ce que Dieu eſt, à
ſa grandeur, à ſa ſageſſe, à ſa toute
puiſſance, & le deſtruiroit entierement, s'il eſtoit periſſable, auſſi bien
qu'il le chaſſe de l'ame. Il n'y a rien
qui borne plus l'eſtenduë des deſſeins & de la grandeur infinie de
Dieu que le peché. Car l'eſtre naturel de la creature ne la borne point,
pour ce qu'il luy eſt entierement

foubmis, & que c'eſt elle pluſtoſt
qui borne l'eſtre de la creature.

Sur le tiltre troiſieſme, Liberté.

PAg. 80. Au lieu de reſpondre, il
fait des diſcours à perte de veuë,
comme ſ'il n'auoit point vn aduerſaire en teſte, ou qu'il parlaſt le premier. Ce qu'il fait ſouuent, comme
vn homme qui ſemble auoir accou-
ſtumé de parler ſeul en chaire, ou
dans la claſſe, deuant des trouppes
muettes. Tout ſon diſcours eſt, que
la creature, *aydee meſme de la grace,*
ne peut paruenir iuſques à Dieu, ny me-
riter de le poſſeder & ioüir de ſa gloire.
Que la grace de Dieu n'a point de
merite *en ſoy ny de ſoy.* Qu'elle ne

merite que parce que Dieu l'a voulu par excés de bonté & par condef-
cendance. Ce langage eſt eſtrange
aux oreilles des Chreſtiens, & n'eſt
bon que pour Caluin & pour nos
heretiques, qui ne ſont pas eſloi-
gnez de recognoiſtre vn merite qui
ne ſoit que dans la volonté & l'in-
dulgence gratuite de Dieu : Et Caluin dit apertement que le mot de
merite en ce ſens ne luy deſplairoit
point, n'eſtoit que pour oſter l'a-
bus des Catholiques, qui le prennent autrement, il iuge plus expe-
dient de n'en vſer point du tout. Cependant l'Egliſe les códamne, quoy
que iamais ils n'ayent parlé ſi hardiment que cet hóme, ny n'ayent encor dit que la grace de Dieu ne contient *en ſoy ny de ſoy* nul merite, &
n'a nulle proportion auec Dieu.
Son erreur procede encor icy de ce

que, comme il a esté remarqué plusieurs fois, il considere tousiours la
grace comme vne simple qualité, &
vn accident semblable à ceux dont
parlent les Philosophes. Au lieu que
c'est vne qualité qui enferme en soy
Dieu mesme & son esprit, & tout ce
qu'il y a de grád dans la Diuinité, laquelle elle porte & vnit intimemét
à l'ame du iuste. Car comme dans
l'Incarnation il ne faut pas cósiderer
simplement l'hypostase du verbe,
comme vn estre metaphysique, en
s'imaginant que c'est elle seule qui
s'vnit à la nature humaine ; pource
que toute la Diuinité par cet hypostase s'vnit & se coule dans l'humanité, & la remplit de toutes parts:
Ainsi dans la iustification de l'homme, qui est vne suitte & vne image
de l'Incarnation, il ne faut pas cósiderer l'ame vnie à la grace comme *in-*

o iij

abstracto, mais l'ame vnie par la grace à Dieu mesme & à tout ce qui est
dans la Diuinité, qui par la grace
s'insinuë & s'espand dãs l'ame pour
y resider & s'y attacher intimement.
Tellement que dire que l'hóme iuste auec la grace n'a point de proportion auec Dieu, & ne peut meriter de paruenir iusques à luy & le
posseder, c'est introduire vne repugnance grossiere, & dire que Dieu
n'a point de proportion auec luy
mesme, & que l'hóme ne peut paruenir à Dieu apres y estre paruenu,
ny meriter de le posseder quand il le
possede. Car la grace n'estant autre
chose que Dieu residant dans l'ame
auec ses lumieres, & cóme vn Soleil
rayonnant & viuifiant, on ne peut
conceuoir la grace separée de luy, ny
esloignée de sa possession. Aussi la
gloire n'est autre chose que la grace

deliurée des imperfections de cette
vie : Et ie m'estonne que ceux qui
osent dire que la grace ne peut de
soy paruenir iusques à Dieu, & ne
merite point de le posseder, n'en disent autât de la gloire, qui selon eux
est de mesme vne qualité creée. Mais
comme la gloire est vne parfaicte
possession de Dieu, la grace est vne
possession de luy mesme imparfai-
cte : & comme la grace est la felicité
& la gloire de cette vie; la gloire est
la grace de l'autre. Car elles sont
toutes deux vne mesme charité, qui
ne differe d'elle mesme qu'en moindre & en plus grande perfection &
clarté; comme l'ame & la raison de
l'home & de l'enfant est la mesme,
premierement moins , & depuis
plus parfaicte. Mais ie laisse cet erreur, que nostre homme a encore tiré de certaine doctrine de l'eschole

mal entenduë, comme la plus grāde
partie des autres qu'il a commiſes
dans ſon Liure.

Pag. 81. Il dit que quand la Fille
dit que I. C. ne depende que de luy
meſme dans les reigles & les penſées
d'accommodement aux hōmes que
la miſericorde luy a donnée; Par ces
reigles & penſées d'accómodement
elle entend la volonté que Dieu a
euë que les hommes iuſtes meritaſ-
ſent de le poſſeder par les actions de
grace, à cauſe de ſa bonté & condeſ-
cendance, & nō que la grace ait aucun merite en ſoy ny de ſoy. C'eſt à
quoy elle ne penſa iamais. Ces ex-
trauagāces ſont trop eſtudiées pour
vne Fille, & iamais elle ne les rencō-
treroit, ſur tout dans l'oraiſon. Mais
par les penſées & reigles d'accómodement aux hommes, elle entend
toutes les loix que Dieu a eſtablies
pour

pour se rabaisser aux hommes, comme de se donner à eux par les Sacremens, par sa parole, par leurs prieres, & autres semblables. Car elle veut qu'il ne depende point de ces loix, & qu'il les execute quand bon luy semblera, sans s'y lier & attacher qu'autant qu'il luy plaira.

Pag. 82. Il collige que la Fille souhaitant que I. C. ne depende point de ces loix qu'il a faictes, elle veut qu'il ne nous sauue pas, ou qu'il nous sauue sans merite, ou qu'il máque à ses promesses & ne soit plus fidele. Et pour ce qu'on a respondu qu'elle veut seulement qu'il execute ces loix auec vne liberté & vne independance entiere, sans auoir esgard qu'à ses desseins & à ses volontez eternelles, comme tesmoignent clairement les paroles de la Fille qui disent, *qu'il ne depende plus que de luy,*

et qu'il face tout selon luy ; Il dit que
c'est vne glose d'Orleans , qui ne
veut rien dire, ou dit tout le contraire des propositions . Mais ie m'af-
seure que cette replique ne sera pas
estimée le langage d'vn homme de
sens .

Pag.94. Apres auoir fait de sa teste des discours en l'air, au lieu de
respondre à ce qu'on luy a proposé
auec vne multitude d'argumens &
d'authoritez tres claires & tres soli-
des, qui le rendent inexcusable deuant Dieu & deuant les hommes de
les dissimuler, & de combattre vne
verité qu'il recognoist inuincible; Il
dit, que quand on parle des personnes diuines, il n'en faut point parler
comme de Dieu, mais les distinguer
de la Diuinité. Il entend si peu les
maximes de l'eschole, dont il fait pa-
rade, qu'il ne void pas que selon le

langage mefme qu'elle reçoit d'vn
commun confentement, les perfonnes enferment deux chofes, la
Diuinité & la perfonalité; & qu'ainfi contenant dans elles mefmes la
Diuinité, il eft ridicule de les vouloir
confiderer fans elle. La perfonalité
mefme felon la Theologie & felon
la Foy n'eft pas réellement diftin-
guée de la nature diuine. Mais il ne
s'agit pas icy de la perfonalité preci-
fement, ains de la perfonne de I.C.
du Fils, du Verbe, lequel on ne peut
conceuoir fans la Diuinité qu'auec
blafpheme.

Pag. 94. Il ne fçait pas diftin-
guer dans la fainéte Trinité *eftre de
foy mefme*, pris en fens notional, & à
l'efgard des perfonnes diuines; &
eftre de foy mefme, pris en fens effen-
tiel, & eu efgard à la Diuinité. Le
premier regarde l'origine; le fecód,

p ij

la fouueraineté & l'independance.
Selon le premier fens le pere feul eft
de foy mefme, par ce qu'il ne procede de nulle origine : Et les deux autres perfonnes ne le font point, parce qu'elles procedent de luy . Mais
felon le fecód fens toutes les perfonnes de la faincte Trinité, confiderées
mefmes dans leur perfonalitez, &
comme perfonnes, font efgalement
d'elles mefmes, c'eft à dire efgalement fouueraines & independantes. Ainfi le defenfeur a tres bien dit
qu'eftre de foy, & n'eftre point de
foy, ne font pas chofes repugnantes
dans la tres-faincte Trinité, puifque
les perfonalitez mefmes, comme elles ne font pas d'elles mefmes en
fens notional par ce qu'elles fe rapportent à leurs origines ; elles font
toutefois d'elles mefmes en fens ef-
fentiel , par ce qu'elles font toutes

independantes, cóme estant en effet
vne mesme chose auec la nature diuine. Ainsi elles sont de soy , & ne
sont pas de soy, selon la verité & le
langage de l'Escriture & de l'Eglise,
qui parle tantost en l'vne, tantost en
l'autre maniere , cóme il appert par
les passages qui ont esté alleguez,
lesquels nostre Docteur n'a pas sceu
allier, & qui s'accordent selon ces
sens. C'est pourquoy on a repris le
deuancier de cet aduersaire d'auoir
blasmé la Fille de dire que I.C. est
de soy mesme, par ce que cette proposition estant conforme à la verité
& au langage de l'Eglise, elle n'a peu
estre códamnée sans Arianisme, sur
tout dans vn discours ou la Fille ne
parle que de la liberté & de l'independance de I.C. au regard des creatures.

Pag. 95. Il veut que parlant de

I. C. on le confidere comme hóme,
& non comme Dieu. Il ne void pas
qu'il n'y a en luy autre perſonne que
la diuine, & qu'encore qu'on puiſſe
cóſiderer en luy vne humanité ſans
conſiderer la diuinité , on ne peut
pourtant le conſiderer cóme homme *in concreto*, ſans cóſiderer le Verbe diuin qui la ſouſtient, & cóſtituë
auec elle la perſonne qui eſt I. C.
C'eſt pourquoy les SS. Peres & l'Eſcriture Sainɔte ne le regardent preſ-
que point, ſur tout maintenant qu'il
eſt glorieux dans le Ciel, que cóme
Dieu. D'où vient qu'vn ancien eſcrit de luy, *Ante Chriſtum nihil fuit.*
Car comme dit S. Paul, *Etſi aliquan-*
do nouimus Chriſtum ſecundum car-
nem , ſed nunc iam non nouimus.

Pag. 95. Il prouue par ce paſſage,
Ttout eſt à nous, nous à I. C. & I. C. à
ſon Pere, Que l'Apoſtre parle de I. C.

comme homme, & ne met pas tout
en vn, la Diuinité, l'Humanité, & les
perſonnes, comme il ſe plaint qu'on
a fait. Au contraire l'Apoſtre en ce
paſſage parlant de I. C. comprend
& enferme ſoubs ce nom tout ce
qu'il eſt, l'Humanité, la Diuinité, &
la perſonne du Verbe. Car tout eſt
à I. C. en ces qualitez, & tout ce que
I. C. eſt, il eſt à ſon Pere, tant en la
Diuinité, qu'en l'Humanité, puis
qu'il a receu la Diuinité du Pere, &
qu'il l'a luy rapporte comme à ſon
origine. C'eſt pourquoy il declare
dans l'Euangile qu'il n'a rien de ſoy,
mais qu'il a tout receu de ſon Pere.
Et S. Auguſtin dit de luy cóme Verbe Eternel, que *Totus eſt alterius:*
qu'il eſt tout à vn autre.

Pag. 96. Il dit qu'on ne peut ſouhaitter à I. C. ce qui ne luy peut máquer. Mais il deuoit cóſiderer qu'en-

core que les chofes que nous luy
fouhaittons ne puiffent eftre autrement, nos fouhaits pourtant peuuent n'eftre point; & qu'en fouhaittant à Dieu tout ce qu'il a, & la
poffeffion qu'il en a, nous ne luy ad-
jouftons rien à la verité, mais nous
luy tefmoignons noftre affection
& noftre zele, & nous oppofans à la
malignité des méchans, des blaf-
phemateurs, & des demons, qui le
voudroient deftruire, s'ils pouuoiét,
luy rauiffent tous les iours fa grandeur & fa gloire, finon en effet, pour
le moins par fouhaits & par paffion.
Il ne faut pas trouuer eftrange fi ce
que ceux-là font dans le mal, les iuftes le font dans le bien. Cóme dans
ces fouhaits-là confifte l'excés de la
malignité, & le dernier point de la
paffion contre Dieu; Ainfi ceux-cy
procedent d'vn excés de charité &
de

de paſſion pour luy. Auſſi ſont ce
les vœux plus dignes de la diuine
grandeur, qui ſemblent pouuoir
luy eſtre offerts. Car par eux nous
luy rendons comme vn hommage,
& confeſſons que l'Infinité de ſes
biens eſt ſi abſoluë, que n'y pouuant
rien adjouſter, il ne nous reſte qu'à
vouloir qu'il ſoit ce qu'il eſt, & con-
ſentir à l'immenſité de ſes excellences. C'eſt à luy qu'il appartient d'a-
uoir pour nous des ſouhaits qui
nous adjouſtent quelque choſe,
par ce que nous ſommes pauures &
dans vne perpetuelle indigence de
ſon ſecours. C'eſt pourquoy ſes volontez & ſes benedictions portent
operation & chágement dás nous,
& nous eſleuent à ce que nous n'e-
ſtions point auparauant. Ainſi pour
luy ceder en tout, & recognoiſtre
l'auantage qu'il a ſur nous, nous luy

preſentons des ſouhaits qui portent autant ſur eux la marque de leur in-vtilité, que celle de noſtre paſſion, & declarent qu'il n'a beſoin ny de nos honneurs, ny de nos ſeruices, beaucoup plus que quád on luy of-fre des deſirs de ce qui ſemble áug-menter ſa gloire parmy les hómes. D'où vient que les gens de vertu & de pieté excellente conçoiuent ſou-uent mille pareils ſouhaits : & ſi ces Critiques ſont de ce nombre, ils trouueront quelque-fois dans leur charité, s'ils y prennent garde, plu-ſieurs de ces mouuemens que leur raiſon ou leur paſſion ne veut point recognoiſtre. Mais il ſera parlé plus amplement de ce point cyapres, lors que l'aduerſaire le combattra auec plus d'effort. Car il n'eſtoit nulle-ment neceſſaire d'en faire mention en ce lieu, & il ſuffiſoit de luy reſpó-

dre qu'il prend mal ce qu'on dit, &
que la Fille souhaitte que I. C. face
tout pour luy seul, en sorte que sa
gloire & sa grandeur soit la seule fin
de ses actions, & non l'aduantage
des creatures. Car elle veut auoir
pour luy non vn amour d'esperáce,
mais vn amour de charité, par lequel
elle desire que tout soit rapporté à
luy seul. Non qu'elle veuille qu'il ne
face rien qui soit vtile à la creature,
mais parce qu'elle veut qu'il ne le
face pas pour l'vtilité de la creature,
ains pour la sienne seulement: Ainsi
que le Seigneur nourrist son esclaue, non pour l'interest de l'esclaue,
mais pour luy seul ; & le maistre a
soin de son cheual, non pour le bien
du cheual, mais pour le sien. En cette maniere par vne grande charité
vers I. C. elle desire que tout soit
pour luy seul, & que l'interest des

creatures ne ſoit point meſlé auec ſa
grandeur, comme les ames peu ad-
uancées dás la grace le deſirent. Elle
veut qu'il n'ait autre veuë que celle
de ſa gloire, & que les creatures le
regardent auec toute ſorte de reuerence & de deſintereſſement; qu'il
les traitte auec la maieſté de ſon eſtre, en ſouuerain & en Dieu; qu'il
ne ſaſſubiettiſſe pas à leurs aduantages; qu'il ne baiſſe pas les deſſeins de
ſa grãdeur pour les contenter; mais
qu'il face tout ſelon luy, & ſoit auſſi
independant en ſes actions qu'il l'eſt
en ſon eſſence.

Ainſi noſtre Examinateur ne fait
que ſ'eſgarer. Et ce qu'il adjouſte,
que le tens de la Fille porte exclu-
ſion, & que ſouhaittát que I C. ſoit
pour ſoy meſme, elle ſouhaitte qu'il
ne ſoit que pour ſoy, & nõ pour les
hómes, eſt tres vray; quoy qu'il ne

l'entende pas. Car il eſt vray qu'elle
ſouhaitte que I.C. ne face rien pour
l'intereſt & l'aduantage des hómes,
mais qu'en tous les biens qu'il leur
fait, il n'ait eſgard qu'à l'aduantage
de ſa grandeur & de ſa gloire, & qu'-
elle en ſoit la fin vnique. C'eſt ainſi
qu'elle l'entend, & qu'on la expliqué, quoy que cet homme ne com-
prenant rien de ce qu'on dit, aſſeure
qu'on a expliqué que I.C. ſoit ſa fin
derniere. Dequoy il ne ſe trouue
rien que dans ſon eſprit. On a bien
repris ſon Collegue, d'auoir dit que
les creatures peuuét eſtre la fin principale de I. C. Mais on n'a pas dit
que la Fille n'a voulu declarer que
cela; mais qu'elle veut que I. C. ne
face rien que pour ſoy, referant à
ſoy ſeul le bien meſme qu'il fait aux
creatures, en ſorte que comme elle
deſire que les creatures ne regardent

que l'interest de luy seul, il n'en regarde aussi nul autre.

Pag. 104. Il nie qu'il faille dire
qu'il y doit auoir vne charité mutuelle entre Dieu & nous, parce que
nous ne luy sommes pas esgaux.
C'est vne heresie formelle, contraire à l'Escriture saincte. Car elle nous
aprend que Dieu nous aime de toute eternité, & nous porte vne charité si grande qu'il nous a donné son
Fils ; & que reciproquement, nous
deuons luy rendre vn amour & vne
charité pleine de reuerence. C'est
pourqnoy il nous appelle ses amis.
Or ceux-là sont amis qui s'aiment
d'vne charité mutuelle. Car quant à
l'inegalité qui est entre luy & ce que
nous sommes en nous mesmes, il a
voulu, pour y suppleer, nous esleuer
à vn estre diuin, nous rendant & de
nom & d'effet ses enfans, participás

à la nature diuine; nous rendant vn
mesme esprit auec luy, & parties de
son Fils, dâs lequel il nous aime eter-
nellement comme ses membres, &
comme côstituans auec luy vn mesme corps, vne mesme personne, &
vn mesme Christ, comme dit l'Apostre, & apres luy les SS. Peres.

Pag. 104. Il dit que renoncer aux
promesses entât que promesses qui
semblent porter engagement, c'est
chose puerile; que c'est prendre
Dieu côme vn mineur, qui se feroit
engagé mal à propos; & que c'est
vouloir qu'il se change. C'est ainsi
qu'on discourt quand on a grande
passion de repliquer, & qu'on ne
trouue rien à dire dans la sterilité de
son esprit, & dâs la solidité des choses qu'on veut attaquer mal à propos. Vouloir remettre entre les
mains de I. C. tous les droits & les

appartenances que nous pouuons
auoir dás l'ordre de la grace, ce n'eſt
pas rendre I. C. mineur, mais vouloir eſtre inceſſamment ſoubs ſa tu-
telle & dans ſa dependance abſoluë.
Ce n'eſt pas vouloir qu'il ſe change,
puis que ſon principal deſir eſt, & l'a
touſiours eſté, que les creatures luy
ſoubmettent ainſi abſolument ce
qu'elles ſont, & tout ce qui leur peut
appartenir; quoy qu'il ne leur ait pas
touſiours teſmoigné ce deſir, parce
qu'il ſçait que peu de gens y peuuent
ſatisfaire, & que les hommes aiment
ordinairement leurs aduátages auſſi
bien dans la grace que dás la nature,
& ne veulent dependre de luy que le
moins qu'ils peuuent, & autát qu'ils
y ſont obligez pour euiter la puni-
tion.

Pag. 105. Il dit que vouloir receuoir ſon ſalut de la franche & libre
volonté

volonté de I. C. est destruire les bónes œuures. En quoy premierement
il condamne son Collegue, qui a dit
que nul n'a iamais receu autrement
de I. C. son salut, & monstre qu'ils
sont enuers cette Fille cóme les deux
Vieillards qui accusans Susanne se
condamnoient l'vn & l'autre, puis
qu'ils se combattent beaucoup plus,
& que l'vn tient pernicieux, ce que
l'autre maintient se deuoir faire, &
n'auoir iamais esté fait autrement.
En second lieu, il calomnie honteusement ce qu'il ne peut refuter par
bonnes raisons, supposant que l'on
ne veut receuoir de I. C. son salut
par ses œuures, ny par ses actions,
ny par ces promesses de Dieu, mais
par la simple volonté de I.C. Au lieu
qu'on le veut receuoir & par les bónes œuures, & par les promesses,
mais par dessus tout cela par la libre

r

& absoluë volóté de I. C. soubmet-
rant à son bon plaisir & à sa puissance & nos œuures , & le droit que
nous pouuós auoir à ses promesses,
& nous mesmes. Il est aussi impossible que regarder Dieu par cette charité destruise les bónes œuures, qu'il
est impossible que la charité, qui en
est inseparable, les destruise.

Sur le tiltre quatries-
me, Existence.

PAg. 110. Ne sçachant que respondre à la solidité & à la clarté
de la verité qu'on luy a fait voir, il se
jette dans des discours esgarez, &
suppose qu'on se fonde sur des principes ausquels on ne pensa iamais, &
qu'on veut dire que l'ame bien-heu-

reuſe eſt abſorbée en Dieu & perd
abſolument ſon eſtre, comme vne
goutte d'eau qui tombe dans la
mer. C'eſt vne ineptie ridicule de cet
hóme qui ayant oüy dire qu il y eut
autre fois gráde diſpute ſur ce point
entre Gerſon & vn autre Docteur
de ſon temps, quoy qu'il n'entende
pas le point de leur different, n'a peu
ſ'empeſcher de debiter à tort & à
trauers cette piece, pour faire paroiſtre ſa memoire en deſcriant ſon iugement. Tant la lecture eſt dange-
reuſe à ceux qui n'ont pas aſſez de
poids dans l'eſprit pour conſiderer
meurement quand on peut vſer à
propos de ce qu'on a leu: car ce qu'il
attaque maintenát eſt ſi eſloigné de
ce principe pretendu, que pour mó-
ſtrer combien on en a beſoin, on
le deſaduoüe publiquement ſans
craindre de faire preiudice à cequ'on
defend contre luy.   r ij

Pag. 111. Il dit qu'on ne peut demander à Dieu qu'il deſtruiſe la ſubſiſtáce du peché, parce que le peché n'a point de ſubſiſtance. S. Paul ſera donc bien plus coupable de vouloir qu'il deſtruiſe *le corps du pechē*, puiſque ſi le peché n'a point de ſubſiſtáce, beaucoup moins aura-il vn corps. Et il ſera criminel deuát ce juge, d'auoir dit que *le peché habite dans luy*; puiſque ce qui n'a point de ſubſiſtáce, ne peut auoir de logement pour y habiter. Ce ſont les argumens par leſquels ces eſprits zelez cóbattent les impietez du Chappellet.

Pag. 112. Il prouue qu'on ne peut demander à Dieu qu'il deſtruiſe l'eſtre du peché, par ce qu'il le ſouffre meſme dans les damnez : D'où ſenſuit qu'on ne peut luy demander la conuerſion des infidelès; la deſtruction des hereſies, la penitence des pecheurs, parce qu'il souffretout cela. Il est si peu iudicieux, qu'il ne void pas que c'est pour cela mesme qu'il luy faut demander qu'il destruise les pechez, parce qu'il les souffre. Car les souffrant, il tesmoigne qu'il ne les veut pas, mais les endure auec desplaisir. Car on ne souffre pas ce qu'on veut. Or nous deuons souhaitter la destruction de tout ce qui desplaist à Dieu. I'ay honte de m'amuser à des raisons si basses & si friuoles. Qu'on remarque seulement l'impieté horrible de soustenir qu'on ne doit pas demáder à Dieu qu'il destruise le peché. C'est tout ce que pourroit dire l'Auocat d'enfer, & le demon mesme.

Pag. 112. De ce qu'on souhaitte que I.C. destruise le peché, il collige qu'on veut qu'il destruise les pecheurs: Et de ce qu'on veut qu'il le

deſtruiſe en nous, il collige qu'on
veut qu'il le deſtruiſe dans les damnez & les demons. Qui auroit iamais creu qu'vn ſi gråd Philoſophe,
& vn ſi grand Scholaſtique auroit
produit de ſi rares pieces de ſon meſtier? Car pour ce qu'il trouue mauuais qu'on ſouhaitte que Dieu deſtruiſe le peché dans les impies & les
Athées, & qu'il les remette en ſa
grace, c'eſt vne autre genre de faute & d'impieté que celuy qui veut
que tous les hommes ſoient ſauuez,
ne luy pardonnera point, s'il ne l'a re-
uoque auſſi publiquement qu'il l'a
commiſe. I'ay pitié des ennemis du
Chappellet, qui n'ont peu trouuer
vn meilleur Champion pour abbat-
tre les blaſphemes pretendus.

Pag. 118. Ne ſçachant que dire
contre la defenſe ſolide des paroles
de la Fille. *Que I. C. ſoit tout ce qu'il*

doit eftre, & face difparoiftre tout au-tre eftre; Il oppofe premierement, qu'elle veut qu'il le face auec preci-pitation:dequoy elle ne dit vn feul mot.Secondement,qu'elle veut que l'eftre du peché ne ceffe pas d'eftre, parce qu'elleveutqu'il difparoiffe;& que ce qui difparoift , ne ceffe point d'eftre. En quoy il a chicané encor indignement.Car elle defire que l'e-ftre du peché, qui feul empefche I. C. d'eftre dás les ames ce qu'il y doit eftre, difparoiffe par vne deftructió veritable, comme les tenebres dif-paroiffent deuant la lumiere. A ce que ie voy,il aura peine de confeffer que ce que le feu confomme en vn moment, difparoift; par ce qu'il cef-fe d'eftre. Cóme fi rien difparoffoit plus parfaitement,que ce qui ne pa-roift,& ne peut plus paroiftre nulle part.Son argument auroit bien plus

d'apparence contre le Prophete qui
dit que nos pechez sont couuerts,
Beati quorum tecta sunt peccata. Car
il y a bien plus de subiet de dire que
ce qui est couuert ne cesse point d'e-
stre. C'est pourquoy nos Heretiques se seruent de ce passage contre
l'Eglise: & il semble qu'il a emprun-
té d'eux cette belle subtilité fondée
en mesme maxime, laquelle tom-
bera par terre par la mesme respose
qu'il sera obligé de leur faire. Apres
cette absurdité, il est à propos de remarquer, que peu auparauant il a
blasmé la Fille, de ce qu'elle desiroit
la destruction de l'estre du peché: Et
maintenant il l'accuse de ne le desirer point, mais de vouloir seulement qu'il soit caché. Tát la passion
& la legereté de cet esprit est estrange.

Pag. 123. Il ne veut pas que la Fille
sou-

souhaitte que I. C. ſoit la fin de ſon
eſtabliſſement dans les ames, & nõ
l'aduantage de la creature : par ce
qu'il ne ſe peut faire que I.C. ne ſoit
ainſi ſa fin. Mais il ne void pas qu'-
encor que I. C.^{ne} puiſſe agir autrement, puiſque ſa maniere d'agir eſt
touſiours ſouuerainement parfaite;
les hommes pourtant peuuent ſouhaitter qu'il agiſſe autrement. Ce
qu'ils pretendent lors qu'ils luy font
des prieres & des demandes par intereſt, & ſemblent rapporter à eux
meſmes ſes operations & ſes graces.

Pag.123. Il dit que I.C. peut eſtre
pour luy, & tout enſemble pour l'a-
uantage des ames : par ce que la fin
derniere n'exclud pas les autre fins
ſubordonnées. Mais il ne prend pas
garde que la fin de charité & celle
d'vtilité & d'intereſt, ne ſont pas

ſubordonnées, cóme eſtant de deux
ordres & de deux natures differentes. Par cóſequent celuy qui met en
Dieu la fin de toutes choſes par pure charité, ne peut la mettre en façon quelconque dans l'vtilité & l'a-
uantage de la creature.

Sur le tiltre cinquieſ-
me, Suffiſance.

PAg. 128. Il dit que c'eſt ſe moquer de Dieu, & luy faire tort,
de luy ſouhaitter des choſes qui ne
luy peuuent máquer: Que tout ſouhait preſuppoſe incertitude; & qu'-
ainſi ſouhaittant à Dieu qu'il ait ce
qu'il ne peut n'auoir point, c'eſt dire
qu'il en peut eſtre priué. La deſſus il
ſemporte auec exclamations & cris

de joye, comme s'il estoit dans vne
pleine victoire & dans vn triomphe
asseuré. Pour le temperer, & dóner
matiere à son bel esprit de s'exercer
à faire mieux paroistre les erreurs du
Chappellet, & à esclaircir les difficultez qui s'y rencontrent; Ie luy demande pourquoy dóc ne se moque-
on pas de Dieu quand on souhaitte
que les creatures insensibles le be-
nissent; puisque cela ne peut estre
autrement? Pourquoy n'est-ce dóc
pas luy faire iniure de desirer que les
bien-heureux & les Anges le loüent,
puis qu'ils ne peuuent cesser de le
loüer? Cependát ce sont les souhaits
des saincts Prophetes, & de Dieu
mesme par leurs bouches, & l'Eglise
les imite tous les iours. Par consequent, selon les principes de cet hóme, les Prophetes, toute l'Eglise, &
Dieu mesme se moquera de luy mes-

me. Mais qui osera dire que l'Eglise
fait iniure à Dieu, quád elle souhaitte tous les iours gloire au Pere & au
Fils & au S. Esprit? Car affin qu'on
ne dise point qu'elle s'entend de la
gloire accidentale & externe que les
creatures luy rendent, elle adjouste,
Sicut erat in principio, cóme elle estoit
au commencement, pour monstrer
qu'elle entend parler de la gloire
que Dieu a eu de toute eternité, en
la mesme maniere que quád S. Iean
a dit que le Verbe estoit au cómen-
cement, il a signifié son existenco
eternelle. Ce qui paroist encor plus
dans les souhaits que les Sain&s &
les bien-heureux meslez parmy les
troupes des Anges font pour Dieu
coniointement dans le Ciel, luy souhaitant nó seulement sa gloire, mais
Vertu, Force, Puissance, Sapience, &
mesme *la Diuinite.* Et ce qui est plus

estrange, ils souhaittent *Salut*, non
seulement à l'Aigneau, c'est à dire à
I. C. mais *à celuy qui est assis dans le*
throsne, qui est le Dieu eternel & le
Pere. Si dãs le Chappellet il se trouuoit rien de semblable, ce grand docteur crieroit encor plus haut, que
c'est vne iniure & vne moquerie de
souhaitter salut à celuy qui est assis
dans le Throsne de la Diuinité. Ce
sont neãtmoins les souhaits des Anges & des bien-heureux, annoncez
par les Oracles de Dieu mesmes : Et
les Saincts en cette vie necessent de
les imiter, côme il se void en l'hymne attribué à S. Ambroise, que l'E-
glise chante publiquement, où on
desire, *Laus, honor, virtus, gloria Deo*
Patri & Filio, Gloire & force au Pere, au Fils, & au S. Esprit. Et dans celuy qui se dit en l'honeur de tous les
Confesseurs, *Sit salus illi, decus atque*

virtus, qui supra cœli residens cacumen, totius mundi machinam gubernat Trinus & vnus : On desire à toute la saincte Trinité salut, grandeur, & force. Et, pour n'alleguer point vne infinité de lieux ou on peut remarquer la mesme chose, cela se trouue encor specialement dans l'hymne que S. Thomas chef de l'eschole a fait à la loüange du tres S. Sacremét, & que l'Eglise chante tous les iours en son honneur, *Genitori genitoque laus & iubilatio, salus, honor, virtus quoque.* Tellement que c'est vne hóte & vne passion extreme de blasmer & rejetter comme folie, ce que les Saincts, l'Eglise, & Dieu mesme autorisent si solennellement ; &, ce qui est plus estrange, de ne pouuoir approuuer en autruy, ce qu'on dit & practique soy mesme tous les iours dans les prieres cómunes de l'Eglise.

C'eft donc vne erreur & vne ignorance groffiere à noftre docteur de
fouftenir que tout fouhait fuppofe
incertitude, & que c'eft faire tort à
Dieu de luy fouhaitter ce qu'il a ne-
ceffairement; f'il ne veut dire par
vne impieté horrible que le Salut, la
Force, la Sageffe, la Puiffance, & la
Diuinité, que les bien-heureux, les
Anges,& l'Eglife fouhaittét à Dieu,
luy peuuent manquer; ou qu'ils l'of-
fenfent dans le Ciel en les luy fouhaittant. Ainfi le Paradis fera remply d'efprits impies, & la terre fera
plus fainéte que le Ciel, & la Sageffe
& la Pieté confifteront deformais à
ne faire des fouhaits pour Dieu que
des chofes qui luy pourront porter
proffit, & à le traiéter, comme veut
ce grand perfonnage, à la maniere
des hommes à qui on defire faire du
bien, & qui font peu de cas des affe-

ctions & des vœux qui n'augmen-
tent point leurs commoditez. Mais
il a desia esté dit cy-deuant, que c'est
traicter Dieu en Dieu, & dás la grandeur de sa Maiesté, que de luy offrir
tels souhaits qui luy sont inutiles,
pour monstrer que comme il peut
tout pour nous, nous ne pouuons
rien pour luy, & que c'est à luy de
nous rendre plus grád par ses desirs,
& à nous au cótraire de vouloir seu-
lemét qu'il soit ce qu'il est, en soub-
mettant nos affectiós & nos volontez à son infinité, qui ne peut receuoir nul accroissement. En cela con-
siste l'excés, &, pour le dire ainsi, la
folie de la charité. Car comme il y a
vne folie de la Foy, par laquelle
Dieu veut sauuer les hommes, selon
l'Escriture; Il y a vne folie de la charité, par laquelle il les veut rendre
eminens en saincteté; & qui cósiste,

aussi

auſſi bien que celle de la Foy, en des
abſurditez & repugnances apparentes à ce qu'il y a, non de bon, mais
de defectueux dans la raiſon, & dás
les argumens de ceux qui ſe nourriſ-
ſent dans la baſſeſſe du ſens humain,
& traictent les affaires de Dieu auec
le meſme eſprit que ceux du monde.

I'ay dit tout cecy pour faire voir à
l'aduerſaire qu'il ſe trompe beaucoup,
lors meſme qu'il penſe auoir plus
d'aduantage, & luy apprendre à ſe
tenir dans les bornes de ſa mediocri-
té, & n'entreprendre pas de parler
hardiment de ce qui eſt au delà de ſa
portée, quelque diſproportion qu'il
y paroiſſe auec ce qu'il eſt capable de
comprendre. Car il n'eſtoit pas beſoin encor icy de cette defenſe pour
le regard du Chappelier. Et quelque choſe que le defenſeur ſemble

auoir dit qui donne lieu à cette obiection, il ne l'a dit que pour refuter
fon aduerfaire. Mais parce qu'on ne
demande qu'à abbreger le plus qu'il
fe peut, & à ne dire que chofes ne-
ceffaires, on ne s'arreftera pas d'auantage en ce lieu ; qui eft affez muny
contre les efforts de ceux qui le vou-
dront attaquer.

Pag. 133. Il prouue que Dieu eft
intereffé auec nous de ce qu'il gemit
& languit d'amour pour nous, comme l'efpoux pour fon efpoufe, & la
mere pour fes enfans. Mais cela
prouue tout le contraire. Car il n'y
a rien plus defintereffé que le vray
amour de charité, & celuy qu'vne
mere porte à fes enfans, & l'efpoux
à l'efpoufe. C'eft pourquoy Dieu
nous voulant exhorter à l'aimer par
pur amour, & fans intereft, nous a
ordóné de l'aimer d'vn amour filial,

commeil nous aime d'vn amour pa-
ternel. Ce font les mercenaires & les
efclaues qui aiment auec intereft. Il
y a donc vne contrarieté manifefte
dans le difcours de cet homme ; laquelle il defcouure encor dauátage,
quand il dit peu apres, *que Dieu veut
paroiftre intereßé dans noftre falut par
amour*. Car c'eft comme fil difoit
qu'il veut paroiftre doux par rigueur, liberal par intereft; ny ayant
rien de plus liberal que l'amour de
charité.

Pag. 134. Il dit que noftre falut
augmente la gloire de I. C. comme
homme, & cóme Redempteur: Et
adjoufte qu'il augmente la gloire
accidentelle de fon Pere & de luy
comme Dieu. Ce difcours eft iniurieux à Dieu, & fans nul fondement
dans l'Efcriture & dans la tradition
de l'Eglife. Ce qui eft encor plus no-

table en ce qu'il monstre entendre
cette augmentation de gloire en I.
C. nõ d'vne gloire accidentelle, mais
de l'essentielle mesme; parce qu'il
distingue cette gloire que nous ad-
joustons à I. C. comme hõme, de la
gloire accidételle qu'il dit que nous
adioustons par nostre salut à I. C.
comme Dieu & à son Pere. De façon qu'il tesmoigne que nous aug-
mentons la gloire accidentelle de I.
C. comme Dieu, mais que nous aug-
mentons l'essentielle de I. C. comme homme. Ce qui est vn blaspheme inoüy.

Sur le tiltre sixiesme, Satieté.

P Ag. 138. Ne sçachant que repliquer à la response qu'on a fait,

& n'ayant rien à dire que ce qu'il a
defia rédit mille fois, il preuient le
reproche qu'il apprehende, & fe
plaint qu'il n'y a dans le Chappellet
qu'vne mefme penfée, affin qu'on
ne f'eftóne point fi on le void touf-
jours rebattre vne mefme obiectió.
Ce qu'il declare encor mieux en laiffant entierement la refponfe qu'il
falloit refuter, laquelle luy donnoit
fubiet de dire beaucoup de chofes
nouuelles, f'il euft eu l'induftrie & la
capacité de les propofer. Car quant
à ce qu'il dit que la Fille fouhaitte
inutilement que I. C. demeure dans
foy & prenne fa vie & fon conten-
tement dás luy mefme, pource qu'il
ne peut faire autrement ; outre ce
qui a defia efté refpódu diuerfes fois
à cette forte d'obiections, il deuoit
prédre garde qu'elle defire que I. C.
foit en cet eftat, non dans fa perfon

ne simplement, mais dans le S. Sacrement, dans lequel elle souhaitte
qu'il ait les mesmes grandeurs & la
mesme sureminence qu'il a dans la
diuinité. Or ce souhait ne sera iamais appellé inutile, que par ceux
qui croiront inutiles tous les souhaits & les prieres des Saincts pour
l'accóplissement des desseins & des
mysteres de Dieu les plus infaillibles
& necessaires, comme pour la protection de l'Eglise, laquelle Dieu ne
peut abandonner. Et il est remarcable que l'Eglise fait tous les iours
des vœux & des prieres semblables
sur ce tres S. Sacrement, cóme quád
elle supplie Dieu de le *sanctifier*, ainsi
qu'il se void dás la Messe. Bref, pour
comprendre que tels souhaits sont
bons & saincts, il ne faut que considerer les contraires, par lesquels on
desireroit que I. C. n'eust pas dans ce

S. Sacrement les mesmes excellences de la diuinité, comme disent nos heretiques, qui croient qu'il n'y est point du tout ; & d'autres qui ont voulu qu'il y soit, mais en vne maniere basse & corruptible ; & luy mesme ne veut pas qu'on luy attribuë, côme homme, les grandeurs de Dieu ; beaucoup moins qu'on les luy donne dans le S. Sacrement. Car si ces desirs & ces volôtez sont mauuaises, les contraires sont bonnes & loüables, & la passion seule les peut condamner.

Pag. 139. Il dit que *le pain est fait pour entrer en autruy & se destruire luy mesme pour le nourrir.* C'est vne nouuelle philosophie. Car iusques à present on n'auoit iamais oüy dire que le pain soit fait pour se destruire luy mesme, mais bien pour estre destruit par la chaleur naturelle de celuy qui le mange.

Pag. 139. Il dit que le pain n'est pas fait pour demeurer dás luy mesme. Ne voyát pas qu'encor que cela soit vray du pain mort & humain, il ne l'est pas du pain viuát & diuin; lequel nourrit les hommes en les attirant & les consommant dans luy mesme : au lieu que le pain mort est attiré & consommé par les hómes. Outre que Dieu subsistant & se maintenát par luy mesme, il est son propre pain de vie, & se soustient & sustente tousiours luy mesme dans l'eternité.

Pag. 142. Il dit encor que c'est chose inutile de vouloir que Dieu ne s'engage point dans la disette des hommes, parce qu'on dit qu'il ne peut faire autrement. Mais il luy deuoit suffire qu'il soustient icy que cela se fait autrement, & que Dieu s'engage veritablement dans la disette

sette des creatures ; pour voir qu'il
se destruit luy mesme, & accuse mal
à propos la Fille de desirer ce qui ne
peut estre autrement. Son desir est
assez vtile, puis qu'il maintientà I.
C. la gloire qu'on luy veut rauir, encor qu'en effet elle ne luypuisse estre
ostée .

Pag. 142. Il n'a pas honte de dire
que I. C. s'engage dans la disette des
hommes; ny de le prouuer par vn
equiuoque, en disant qu'il y engage
sa propre vie, son corps & son sang.
Car engager sa vie pour la disette
des hómes, c'est l'exposer & l'abandonner pour eux, afin de les tirer de
la necessité : mais s'engager dans la
disette des hommes pour desirer
d'eux quelque chose, c'est s'interes-
ser auec eux, & rechercher dans leur
pauureté quelque chose dont on ait
besoin.

u

Pag. 143. De ce que la Fille fouhaitte que Dieu ne fouffre point de
delay dans l'accompliffement de fes
defirs, il infere qu'elle veut qu'il ne
foit point patient. Mais fa confe-
quence eft mauuaife. Car touchée
du defir de fa gloire & de fon honneur, elle eft marrie de voir que les
hommes trauerfent fes deffeins, &
f'oppofent impunément à leur accompliffement. Elle fouhaitte donc
que ces obftacles foient leuez, &
que Dieu agiffe fans empefchemét;
foubmettant neátmoins à Dieu fon
defir, & laiffant à fa prouidence de
conduite les hommes comme il luy
plaira. Ainfi les Sainéts dans l'Apo-
calypfe defirent que Dieu face venir
promptement le iour du jugement
pour chaftier les pecheurs. En quoy
ils ne f'oppofent pas au deffein de
Dieu, ny ne le veulent rendre impa-

tient, comme pretend ce Docteur,
quoy que Dieu declare que ſa volonté n'eſt pas d'exercer ſi toſt ſa iuſtice.

Sur le tiltre ſeptieſme, Plenitude.

PAg. 146. Il appelle ſouhait extrauagant celuy par lequel on
ſouhaitte qu'il n'y ait perſonne de
damné, & que tous les hommes ſoient Saincts & parfaicts. Et cependāt
c'eſt le ſouhait de tous les gens de
bien, & de Dieu meſme, qui veut
que tous les hommes ſoient ſauuez,
& pour cet effect leur donne grace
ſuffiſante ſelon le cóſentement des
Theologiens. C'eſtoit le ſouhait de
Moyſe, qui deſiroit que tout le peu-

ple prophetisast comme luy; & de
S. Paul, qui souhaittoit que tous les
hommes fussent chastes & cótinens
comme luy. Ainsi tous les Sainéts &
Dieu mesme ont eu des souhaits extrauagans selon cet Examinateur ridicule.

Pag. 147. Ce que la Fille a dit
qu'elle desire que toutes les graces
retournent à I. C. il le prend à côtre
sens, comme si elle auoit voulu dire
que les graces doiuent rentrer dans
I.C. d'où elles sont sorties; dissimulant honteusement la response, où il
a esté monstré par ses propres paroles, qu'elle ne desire sinon que l'effusion que I. C. fait de ses graces luy
soit entierement rapportée par vn
fidel hommage, sans qu'on en laisse
rien perdre.

Pag. 150. Il dit qu'il ne faut point
prier que les graces que Dieu fait

aux hommes retournent à sa gloire;
& que ce souhait est superflu, par ce
que Dieu le fait bien sans que nous
le souhaittions. C'est vne erreur pernicieuse, qui ruine les prieres & les
souhaits des gens de bien: parce que
la plus gráde partie des choses qu'ils
demandent, arriuéroient, quand ils
ne les demáderoient point, & Dieu
ne laisseroit pas de les faire sans eux;
comme de sauuer les esleus, de pu-
nir les méchàts, d'accomplir ses promesses, de maintenir son Eglise; &
vne infinité de choses semblables.
Où, pour mieux dire, Dieu a resolu
absolument de les faire ; mais par
leurs prieres : en sorte que leurs prieres & souhaits sont enfermez dans
le dessein infaillible que Dieu a fait
d'executer ces choses; & par consequent il est necessaire qu'ils les souhaittent, & qu'ils prient afin que
Dieu les accomplisse.   u iij

Pag. 150. Il dit que la propofition de la Fille, *Que Dieu ne donne
rien qu'à foy mefme, & pour foy mefme*, eft tres fauffe, par ce qu'eftant
negatiue, elle eft exclufiue, & fignifie que Dieu ne dóne rié aux hómes.
Or, dit-il, Il n'y a nulle repugnance que Dieu face ces chofes pour luy
& pour nous, pour luy principalement, & pour nous moins principalement. Mais il s'emporte touf-
jours dans les imaginations, & dans
la baffeffe de fon raifonnement. Car
la propofition de la Fille n'exclud
pas abfolument les dons que Dieu
fait aux hommes, mais veut feulement qu'ez leur donnant, il ne s'arrefte pas à eux, mais qu'il foit touf-
jours la fin à laquelle ils foient rap-
portez par les hommes. Et c'eft ce
que fignifie la negation en ce lieu:
laquelle, fi ce Docteur auoit bien

leu les Escritures, il sçauroit n'emporter pas tousiours vne exclusion
absoluë, mais denoter seulement la
cause & la fin principale. Ainsi le
Prophete disoit, *Non nobis Domine,*
non nobis, sed nomini tuo da gloriam;
pour signifier que la gloire est deuë
à Dieu principalement. Ainsi Dieu
disoit à Samuel, ce n'est pas toy qui
as esté mesprisé du peuple, mais
moy. Non que le peuple n'eust
mesprisé Samuel, mais par ce que
leur mespris dónoit principalement
contre Dieu. Ainsi I. C. disoit aux
Apostres, Cen'est pas vous qui parlez, mais l'esprit de mon Pere qui
parle en vous. Non qu'ils ne parlas-
sent veritablement, mais par ce que
leur parole procedoit principalement du S. Esprit. Ainsi S. Pierre disoit à Ananias, *Non est mentitus ho-*
mini, sed Deo, non qu'il n'eust men-

ty à S. Pierre, mais par ce que son
mésonge tomboit principalement
contre Dieu. Ainsi quand nous dô-
nons quelque chose pour l'amour
de Dieu, nous disons que nous ne
le donnons pas à celuy à qui nous le
dónons effectiuement, mais à Dieu,
par ce qu'il est la fin de nostre don.
Ainsi la Fille parlant le langage de la
grace, & nó celuy de la philosophie,
a dit qu'elle desire que I. C. ne dône
rien qu'à soy mesme, non qu'elle
veuille qu'il ne dône rien aux hommes, mais par ce qu'elle veut qu'il
ne donne rien qui ne reuienne à
Dieu, & ne luy soit referé par eux
comme à l'autheur de ce don. Cependant apres cette belle remarque,
nostre Champion ne laisse pas de
chanter victoire en ces mots: *Si ces*
grands Docteurs qui se moquent de la
Philosophie & de la Theologie Schola-
stique,

stique, les sçauoient vn peu mieux qu'ils
ne font, ils ne feroient pas tant de fautes.
A quoy on peut respódre, que s'il ne
les sçauoit point du tout, il en feroit
peut estre moins. Car il y a des gens à
qui le peu de science qu'ils ont apris
dans les classes ne sert qu'à leur acca-
bler l'esprit, & leur faire perdre les
traces du bon sens, duquel l'Examinateur s'esgare à tout propos.

Pag. 154. Il n'a nul esgard à ce qu'on
luy a respondu, & se laisse aller à ses
imaginations, au lieu de repartir à ce
qu'on luy a dit. Il s'attaque plus au
Chappellet qu'à la response, afin de
contenter sa passion. Car ce qu'il dit
que le Soleil n'est pas plus pauure si
quelque partie de sa lumiere se perd,
& ne r'entre point dans luy, & que
par mesme moyen Dieu n'est pas
plus pauure, si quelques parties de
ses graces se perdét: Ce sont des fan

tofmes qu'il fe forge fans fondemēt,
en diffimulant qu'on a refpondu nó
que I. C. eft plus pauure, mais qu'on
ne luy rend pas ce qui luy eft deub,
quand on laiffe efcouler fes graces
fans les luy rapporter entierement
par vn fidel hómage; & que c'eft ce
que la Fille defire qu'il ne fouffre
pas, mais que les ames facent remon-
ter vers luy par vne entiere reference
toute l'effufion de fes graces.

Pag. 155. Il fait cet argument contre la Fille: Dieu, felon elle, doit eftre pleinement & fans dechet dans
la creature : Or il n'y peut eftre icy
fans dechet ; donc il n'y doit eftre
point du tout. Qui eft comme qui
diroit: Nous deuons eftre parfaictement regenerez : or nous ne le pouuons eftre icy parfaictement : donc
nous ne le deuons eftre point du
tout. Sottife pure, qu'on fouffriroit

à peine dans vne eschole de nņui-
ces.

Pag. 156. Il ne veut pas qu'on dise
que Dieu reçoit preiudice, quand
les creatures font mauuais vsage dé
ses graces. D'où s'ensuit qu'il n'a pas
droiĉt de se plaindre & de les chastier
de cette iniustice. Ils luy font preiudice, non en diminuant le bon heur
qui est dans luy; mais en luy ostant
l'honneur qu'ils luy doiuent, & la
gloire qu'il veut auoir en eux.

Pag. 156. Il fait de grands discours, feignant qu'on dit des choses à quoy on ne pense point, & dissimulant honteusement les paroles
qui declarent tout le contraire, parce qu'il ne sçait que leur opposer.
Car au lieu de respondre à ce qu'on
a dit, que la Fille souhaitte que les
graces que Dieu respand sur les creatures reuiennent entierement à luy,

& qu'il ne s'en perde rien par l'incapacité des creatures ; Au lieu de refuter ce point, où d'en confesser inge-
nuëment la verité, il respond qu'on
veut que Dieu ne donne nulle grace
à creature quelconque, & qu'il les
retienne toutes pour luy seul ; s'es-
criant, que c'est là tout l'esprit du
Chappellet. On diroit plus veritablement que le sien est de n'agir dás
toute cette affaire que par vne emulation esgallement basse & foible,
qui ne pouuant venir à bout de ce
qu'elle voudroit renuerser, emploie
toute sa passion côtre des ombres &
des illusions qu'elle se forme elle
mesme.

Sur le titre huictiesme, Eminence.

PAg. 160. Il dit qu'on ne peut separer les grandeurs de Dieu d'auec celles de la creature, par ce que la creature n'a point de veritables grandeurs. Ce n'est qu'illusion & sophistiquerie, puis qu'on ne parle que de la separation des grandeurs de Dieu d'auec les grandeurs pretenduës de la creature. Ainsi le Prophete separe & esleue la grandeur de Dieu par dessus celles des Idoles, quand il dit, *nostre Dieu est grand par dessus tous les Dieux* ; quoy que les idoles n'eussent ny grandeur, ny diuinité veritable, mais seulement apparente & imaginaire. Ainsi on ap-

X iij

pelle richeſſes les biens du monde,
quoy que ce ne ſoient pas vrayes richeſſes. On attribuë hauteſſe, grandeur, force , & autres qualitez ſemblables au peché & à la corruption
des hommes , ſelon le langage de
l'Eſcriture ; quoy que le peché ne
ſoit qu'vn neant , & qu'il ne puiſſe
auoir ces choſes qu'en apparence &
dans l'opinion des hommes. C'eſt
pourquoy l'Euangile parlant de cette ſorte de grandeur, dit que *ce qui
eſt grand aux yeux des hommes, eſt
abominable deuant Dieu* ; monſtrant
que le peché a vne grandeur pretenduë, quoy que deuant Dieu elle ne
ſoit qu'abomination. Vn hôme qui
auroit plus regardé le ſens cômun,
que le roollet qui s'apprend à l'eſchole, auroit euité l'impertinence
de cet argument.

Pag. 161. Il nie que la creature

vſurpe les grandeurs de Dieu. Quoy
que ce ſoit vne propoſition & vne
verité confirmée par le langage de
l'Eſcriture, des ſaincts Peres, & de
tous les Chreſtiens, qui diſent touſ-
jours que le peché vſurpe & rauit
les grandeurs de Dieu pour les attribuer à la creature. A quoy ne ſert
d'oppoſer qu'on ne peut oſter reellement à Dieu ſes grandeurs : par ce
qu'vn ſubiet qui ſe reuolte contre
ſon Roy, ne laiſſe pas d'vſurper la
royauté encor qu'il ne la poſſede pas
reellement, & ne la puiſſe oſter à ſon
Prince. Il n'y a rien plus certain, ny
plus cómun entre les Catholiques,
que de dire que les heretiques ont
vſurpé le miniſtere de l'Egliſe, quoy
qu'en effect ils ne le poſſedent, ny ne
le puiſſent poſſeder. Car en ces choſes la volonté eſt priſe pour l'effet : &
vſurpation ne ſignifie pas touſiours

possession, mais entreprise & effort.
C'est ce que ce Docteur auroit ap-
perceu , s'il n'eust estudié en cette
sorte de philosophie & de clabau-
derie qui estourdit ordinairement
le iugement des hommes, quoy que
la vraye science de philosophie & de
l'eschole le renforce.

Pag. 168. Il dit que quand les
infideles & heretiques ont impu-
gné le mystere de l'Incarnation &
celuy de l'Eucharistie, ç'a esté principalement pour ce qu'ils iugeoient
indigne de Dieu, d'entrer en de si
grands abbaissemens. Ce qui est entierement faux. Car leurs raisons
principales ne furent iamais celles-
là, mais d'autres bien plus difficiles,
qu'ils ont prises de l'impossibilité
pretenduë de ces mysteres, tant du
costé de la creature, que de celuy de
Dieu : comme il est manifeste par les
disputes

diſputes des anciens heretiques, &
de nos Huguenots. Tellement que
ce qu'ils ont dit du rabaiſſement de
Dieu, ils ne l'ont adiouſté que cóme
vn acceſſoire, & comme des raiſons
ſubſidiaires, pour rendre plus plau-
ſible leur doctrine, & la faire entrer
plus facilement dans les eſprits des
hommes par des cóſiderations ſen-
ſibles & populaires.

Pag.169. Il parle comme ſi on
auoit dit que Dieu ſe releue d'autant
plus qu'il ſe rabaiſſe, & que plus il
vient à nous, plus il demeure à luy.
Surquoy il ſe donne carriere, bien
qu'auec aſſez mauuaiſe grace. Mais
on n'a iamais parlé de la ſorte. Ce
qu'on a dit, c'eſt que Dieu, plus il ſe
communique à nous, plus il reprend
les droits que nous auons vſurpé ſur
luy, & les grandeurs que nous luy
auions rauies, & nous fait quitter

y

toutes nos iniuftes pretentions, &
r'entrer dans noftre neant & dans
noftre baffeffe. Qui eft vne verité,
pour laquelle contefter il faut auoir
le front trop fort, ou l'efprit trop
foible.

Pag. 171. Il abuſe des paroles de
la Fille, qui defire que I. C. foit vn
Dieu dans le S. Sacrement ; & pour
expliquer ſes paroles, adjoufte,
Dieu, c'eft à dire, *ſe tenant dans ſes
grandeurs diuines* : ce qui eft en vn
mot, qu'elle defire qu'il ſe main-
tienne dans les grandeurs & les excellences de ſa diuinité dans le S. Sacrement, & ne ſouffre point qu'on
les vſurpe ſur luy. Sur cela il dit mille
fottiſes, & pretend qu'elle veut que
I. C. foit vn Dieu, Dieu, repetant
pluſieurs fois qu'elle fait I. C. vn
Dieu, Dieu. Et pour ce ſubiet il a
ofté l'interpunction neceffaire à ſes

paroles. Car au lieu de mettre, *Qu'il soit vn Dieu*; *Dieu*, c'est à dire, *se tenant dans ses grandeurs diuines*, comme elle a escrit; Il a mis, Qu'il soit vn Dieu, Dieu : qui est vne badinerie & vne affeterie impertinente.

Pag. 171. Il dit que iamais personne bien censée n'a consideré I. C. dans le S. Sacrement, comme dans le S. Sacrement, pour y trouuer ses grandeurs diuines. Et le prouue par ce qu'vn des plus grands efforts de la Foy, c'est de croire qu'il soit Dieu, & qu'il soit dans le S. Sacrement. Cóme s'il s'ensuiuoit de là qu'il n'est pas dans le S. Sacrement comme Dieu, & cóme accompagné de ses grandeurs diuines. Par ce moyen on prouueroit qu'il ne faut pas chercher son corps dans le S. Sacrement, & que ce corps n'y est point comme dans ce Sacrement, pour parler son

y ij

langage : Par ce qu'vn des grands
efforts que la Foy puiſſe faire, c'eſt
de croire que ſon corps ſoit cōpris
ſoubs le Sacrement & dans vn ſi petit eſpace.

Pag. 172. Il ne veut pas qu'on
ſouhaitte que I. C. dans le S. Sacrement ſe tienne dans ſes grādeurs diuines ; pour ce, dit-il, que ce Sacrement feroit le contraire, & rabaiſſe-
roit I. C. ſil le pouuoit eſtre, par la
force du Sacrement, &, comme dit
l'eſchole, *vi verborum.* Comme ſi la
meſme eſchole n'enſeignoit pas que
ce Sacrement contient & enferme,
pour le moins par vne ſuitte neceſſaire, non ſeulement le corps, mais
auſſi la Diuinité & toutes les grandeurs de I. C. & qu'ainſi ſes grandeurs y ſont, ſi non par la premiere
ſignification des paroles, à tout le
moins par la ſeconde. Car l'Eucha-

riftie ne regarde pas I. C. comme vn corps mort, mais comme vn corps viuifiant & viuant de la vie & de la gloire qu'il a eu dans fon Pere deuant la conftitution du móde, comme il dit luy mefme dans l'Euangile. Et fi on confidere bien la doctrine de l'efchole, on trouuera qu'elle ne dit pas que ce Sacrement deftruiroit les grandeurs diuines de I.C. quand mefmes elles pourroient luy eftre oftées. Car l'efchole dit bien que ce Sacrement ne regarde *vi verborum*, que le corps & le fang, mais non qu'elle les feparé, foit entr'eux, foit des autres parties de l'humanité, ou des excellences diuines. Car comme les paroles Sacramentales n'enfer-ment point directement toutes ces chofes, felon l'efchole; auffi ne les excluent elles pas, mais regardent fimplement le corps tel qu'il eft en

y iij

foy, fans requerir qu'il foit feparé ou conioint à d'autres chofes. Tellement qu'il eft faux, felon l'efchole mefme, que ce Sacrement portaft aucun preiudice aux grandeurs diuines de I. C. quand mefme elles en pourroient receuoir; & les raifonnemens de l'aduerfaire font toufiours dans la foibleffe & dans l'ignorance de quelque cofté qu'il fe tourne, quoy que ces pointilleries foient toufiours honteufes dans des chofes fi ferieufes, fi grandes, & fi fainctes.

Pag. 173. Il dit que ce Sacrement *vi verborum*, cache, voile, & abbaiffe la vie & la diuinité de noftre Seigneur. En quoy il fe contredit luy mefme. Car fi la vie & la diuinité de noftre Seigneur n'eft pas dans ce Sacrement *vi verborum*, comme il le fouftient; comment eft-ce qu'elle y

peut estre cachée & voilée *vi verbo-*
rum ?

Pag.173. Il dit que la vie & diuinité de nostre Seigneur n'est pas seulement cachée & abbaissée dans ce Sacrement *vi verborum* ; mais aussi que
ce Sacrement luy osteroit mesme la
vie & le separeroit de la diuinité ; si
ce n'est qu'il ne peut plus mourir.
En quoy il y a de grandes ignorances & irreuerences contre I. C. Car
vne preuue manifeste que ce Sacrement, *vi verborum*, n'osteroit pas la
vie à I. C. quand il seroit encor mortel ; c'est que le iour de la Cene il ne
laissa pas de demeurer viuant apres
la consecration, quoy qu'il fust mortel, & deust mourir peu apres. Et
vne preuue manifeste que *vi verbo-*
rum le Sacrement ne separeroit pas
le corps de la Diuinité, quand mesme l'vnion hypostatique seroit dis-

foluble; c'eft que le corps eftant feparé de la perfonne du Verbe, le
Preftre ne pourroit plus dire en la
perfonne de I. C. *Cecy eft mon corps.*
Car ce ne feroit plus le corps de I. C.
& d'vne perfonne diuine, mais d'vn
pur homme. Il eft à propos que ce
Docteur qui voudroit paffer pour
le moins pour entendu en la Scho-
laftique, y eftudie dauantage.

Sur le tiltre neufiefme, Poffeffion.

Pag. 175. Il dit que les demons
& les damnez ne font point
poffedez de I. C. Mais c'eft vn blafpheme, qui deftruit les droits & la
domination que I. C. a receu de fon
Pere. Car eftant Seigneur & Createur

teur des demons & des méchans, il
les possede tous; ny ayant rien qui
soit plus veritablement possedé que
l'esclaue l'est de son maistre, & la
creature du Createur. C'est pourquoy l'Escriture dit qu'il tient dans
sa main toutes les creatures; que toute la terre & tout ce qu'elle contient
est à luy; qu'elle est pleine de ses pos-
sessions & de ses biens, au nombre
desquels elle met la mer, les pois-
sons, les animaux, & nommement
les demons, *Draco iste quem formasti
ad illudendum ei.* Et le Pere promet
expressement à son Fils de luy donner toutes les nations, & de le rendre possesseur de toute l'estenduë de
la terre. Ce que l'Euangile nous declare auoir esté executé, quand il dit
que le Pere luy a donné toutes choses dans ses propres mains. A cause
dequoy il proteste luy mesme que

tout ce qui eſt à ſon Pere, eſt à luy: &
depuis la Reſurrection il annonce
aux Apoſtres que toute ſorte de
puiſſance luy a eſté donnée dans le
Ciel & dans la terre, ſans en exemp-
ter ny creature, ny puiſſance quelconque. Par conſequent toutes les
creatures generallement eſtant au
Pere, & eſtant poſſedées reellement
de luy, & plus intimement ſans cóparaiſon que les hommes ne poſſedent leurs biens ; il eſt ſans difficulté,
que I. C. les a, & les poſſede eſgallement. Car il les enuironne & les enferme toutes dans ſa puiſſance &
dans la grandeur de ſa Maieſté, les
gouuernant, les conduiſant, & les
maniant auec plus de pouuoir & de
facilité que les hómes ne diſpoſent
de ce qu'ils poſſedent. Les demons
meſmes ne peuuent branſler ſans ſa
permiſſion. Il les tient enchaiſnez

des liens inuiſibles de ſon authorité,
leſquels il ſerre & relaſche comme il
luy plaiſt, ainſi que l'eſcriture nous
l'apprend, lors qu'elle dit que les
diables ſont attachez tátoſt dans les
deſerts, tantoſt auprés des fleuues,
quand Dieu ne leur permet point
d'agir. Ainſi tout eſt à I. C. & tout
eſt poſſedé proprement & veritablement de I. C. iuſques aux damnez &
aux demons, qui ſont les captifs de
ſa iuſtice, comme les bons le ſont de
ſa grace. Car comme il poſſede particulierement les bons; le prophete
Zacharie teſmoigne qu'il a vne poſſeſſion ſpeciale des meſchans lors
qu'il les punit & les conſomme du
feu de ſa iuſtice. *Ecce Dominus poßi-
debit eam, & percutiet in mari fortitu-
dinem eius, & hæc igni deuorabitur.*
Le Seigneur la poſſedera, & briſera
la force quelle a dans la mer, & elle

fera deuorée du feu. A cause de quoy
S. Paul a grand raison de dire que
tout est aux esleus, & euxà I.C. comme I. C. est à son Pere. Et si on demande le mot mesme de possession,
il dit clairement, que nous sommes
comme n'ayans rien, mais que *nous
possedons toutes choses*. Que si nous
possedons toutes choses, selon l Escriture; qui ne void que c'est à plus
forte raison vn blaspheme de nier
que I. C. les possede, & de reuoquer
en doute les paroles de la Fille, qui a
dit que tout doit estre possedé de
I.C. L'obiection qu'il fait côtre vne
verité si claire & si solide, est friuole.
Il dit que quand on dit que I. C.
possede vne ame, on l'entend de la
possession de grace ou de gloire.
Mais afin que ces petites apparences
de raisons ne l'emportent plus, il
faut qu'il sçache que quand on dit

d'vne ame en particulier, que I. C. la
possede, il est vray qu'on l'entend
ordinairement d'vne possession particuliere, qui n'est que par la grace,
ou par la gloire. Car en le disant d'elle en particulier, il paroist qu'on
veut exprimer quelque chose sin-
guliere. Mais quand on dit generalement que I. C. possede toutes les
ames, toutes les choses, & toutes les
creatures ; cela s'entend de la possession qu'il a d'elles, comme leur Maistre, & leur Createur : & nul n'est si
despourueu de iugement de croire
que cela s'entend de la possession de
grace & de gloire, qui n'appartient
qu'à vn tres petit nombre de creatures en comparaison des autres.

Pag. 178. De ce que la Fille dit
que rien n'est digne d'estre possedé
de I. C. il collige que quand elle a
dit que I. C. doit posseder toutes

choſes, elle a parlé d'vne poſſeſſion
de grace.   Qui eſt vne conſequence
à la verité fort obſcure.   Car il eſt
vray de toutes les creatures, qu'elles
ſont indignes d'eſtre poſſedées de
Dieu, en quelque façon que ce ſoit;
par ce qu'elles ne le rendent pas plus
riche, & ne ſont rien deuant ſa grandeur.   C'eſt pourquoy l'Eſcriture
compare les Cieux au regard de luy
à vn vieil veſtement, & toutes les
nations de la terre à vne goutte
d'eau.

Pag. 179.   Il dit qu'il eſt faux que
rien ne ſoit digne d'eſtre poſſedé de
I. C. par la grace. Mais la paſſion luy
fait oublier ce qu'il a dit au parauant
auec tant d'excés en cette matiere:
*Que Dieu, comme infiny en grandeur,
ne peut auoir aucune proportion auec
ſa creature: C'eſt pourquoy elle ne peut
aydée meſme de ſa grace, paruenir iuſ-*

ques à luy, *NY MERITER DE LE POSSEDER* & *joüir de sa gloire*. Apres estre tombé dans vne extremité, ie m'estonne qu'il passe si tost à l'autre, & abandonne son esprit à des mouuemens si contraires pour y regner chacun à son tour. Car il ne faut respondre que là il a dit que la creature ne merite pas de posseder Dieu, & qu'icy il dit qu'elle merite d'estre possedée de Dieu: parce que s'agissant d'vne possession de grace, ces choses ne sont point differentes, la possession de grace est mutuelle. Par elle la creature possede Dieu, & Dieu en mesme temps possede la creature. Car c'est vne liaison & vne possession d'amour & de charité, vne conionction en vnité d'esprit, vne intimité par laquelle la creature est dans Dieu, & Dieu dans la creature: Et ainsi posseder Dieu

par grace, & eſtre poſſedé de luy,
c'eſt vne meſme choſe. Qui merite
l'vn, merite l'autre: & qui a l'vn, a
tous les deux. A cauſe dequoy l'Eſ-
pouſe dit dans le Cantique, Ie ſuis à
mon bien aymé, & mon bien-aimé
eſt à moy. Ce qui ne ſe rencontre
pas dans les autres genres de poſſeſ-
ſions.

Pag. 179. Il dit que quand, parlant des creatures, on dit qu'elles ne
ſont pas dignes d'eſtre poſſedées de
I. C. la ſaincte Vierge y eſt compriſe: diſſimulant ce qu'on a reſpondu
tant de fois, qu'elle n'eſt pas dans le
rang des autres creatures, mais dans
vn ordre à part ſans comparaiſon
plus eſleuée, & qu'ainſi elle n'eſt pas
compriſe dans les propoſitions generales qui les regardent. Il n'a pas
honte de repartir, qu'elle eſt quelque choſe; & qu'ainſi il eſt faux que
rien

rien ne ſoit digne d'eſtre poſſedé de
Dieu. Ne voyant point par ſa belle
ſubtilité qu'encore qu'elle ſoit quelque choſe dans ſon ordre, elle n'eſt
rien dans l'ordre commun des creatures, dont on parle.

Pag.179. A ce qu'on a reſpondu
que la dignité qui eſt dans les iuſtes,
eſt à I. C. qui la leur a donnée; & la
leur conſerue à tous momens; &
qu'ainſi elle ne doit pas eſtre conſi-
derée quand on les oppoſe à I. C.
par ce que lors on parle de ce qui eſt
à eux, & de ce qu'ils ont par eux meſmes : Il replique, Que la dignité des
iuſtes eſt à eux, encor que Dieu la
leur ait donnée; & que ſi, afin qu'v-
ne choſe ſoit à nous, il falloit que
nous l'euſſions de nous meſmes, &
non de Dieu; nous n'aurions rien
du tout. Mais il erre dans les principes, & combat les ſainctes Eſcritu-

Aa

res, qui disent que la iustice des iustes est à Dieu, & l'appellent ordinairement, *iustitia Dei*, *gratia Dei*,
gloria Dei, & nient que les Saincts
facent ce qu'ils font par elle; comme
disoit S. Paul, ce n'est pas moy, mais
la grace de Dieu qui est auec moy.
Ce n'est pas que cette grace & cette
iustice ne soit absolument à eux,
mais elle est plus à Dieu qu'à eux, &
elle n'est pas à eux en comparaison
de luy. C'est pourquoy quand on
les oppose & compare à luy, on dit
qu'elle n'est pas à eux; quoy que les
considerant à part, elle leur appar-
tienne. Le Fils de Dieu a joint ces
contrarietez apparentes, quand il a
dit que *sa doctrine n'estoit pas sienne,*
mais à son Pere qui l'auoit enuoyé.
Ce qui est beaucoup plus vray de
nous & de tous les iustes au regard
de Dieu, de qui ils tiennent leur gra-

ce & leur iuſtice en vne maniere infiniment eſloignée & plus dependant que I. C. Ainſi oppoſant la dignité des gens de bien à celle de I.
C. on dit auec toute verité qu'elle
n'eſt pas à eux, mais à luy ; quoy
qu'elle ſoit à eux en vn autre ſens.
Par meſme moyen rien n'eſt à la
creature, ny elle meſme n'eſt à ſoy,
quand on la compare à Dieu, au regard duquel elle n'a rien, n'y n'eſt
rien elle meſme, comme diſent les
Eſcritures & les Sainⅽts, & les Philoſophes meſmes. Il y a toutesfois
cette difference entre ce que l'homme eſt par la grace, & ce qu'il eſt par
la nature; que les dons de nature
ſont à luy beaucoup plus proprement & veritablement, par ce qu'il
les poſſede en telle ſorte qu'il en eſt
le maiſtre, pour en diſpoſer comme
il luy plaiſt, & en poſſede dans luy

Aa ij

mesme tous les principes stables &
permanens , parce que toute la nature est fondée dans vn ordre certain & tousiours esgal, dont on peut
s'asseurer. Au lieu que la grace n'est
fondée en nul ordre reglé; mais en la
volonté de Dieu, qui en dispose selon ses desseins eternels, en sorte que
quelque grace qui soit dans l'homme, il ne peut s'en asseurer, ny l'a regarder comme absolument sienne,
parce qu'elle depend incessamment
de la pure misericorde & de la volonté de Dieu, sans le secours continuel de laquelle il ne peut la conseruer vn seul moment. Or ce secours
depend tousiours de son seul bon
plaisir. Ce qui a obligé les Theologiens a establir d'vn commun consentement cette maxime fondamen-
tale de la vertu & de la religion, que
personne ne peut iamais s'asseurer de

la perseueráce, quelque merite qu'il ait. Sur quoy Gerson dit vne chose remarquable, *Que la creature raison-nable est d'autant plus subiette à tomber & à dechoir, qu'elle est plus ornée de dons de nature, & de grace, si elle n'est soustenuë par vne protection speciale de Dieu : comme si plus elle a de l'estre, plus elle auoit de vuide & de panchement au neant.*

Pag. 182. Il ne veut pas qu'on souhaitte que les ames n'aient point de veuë si I. C. les veut posseder, ou non ; estant assez qu'il se possede luy mesme. Il combat vn acte si excellent, & si frequent dans les ames remplies de charité, par l'exemple de l'Espouse qui cherche son bien-aymé dans les Cantiques. Que dira-il donc à ce que la mesme Espouse ne veut point ouurir à son Espoux quand il frappe à sa porte, & fait di-

ficulté de le receuoir? Que dira-il à
ce qu'elle luy dit, qu'il s'en retourne,
& qu'il s'enfuie sur les montagnes
comme les cheureulx & les Faons?
comment accordera-il ces contrarietez? Et comment peut-il trouuer
mauuais que la Fille imite la mesme
Espouse qu'il luy propose à imiter?
Il deuoit considerer qu'elle ne dit pas
qu'on ne doit point chercher I. C.
mais qu'on le doit chercher sans interest, sans reflexion sur soy mesme,
sans inquietude, en marchant tousjours apres luy sans regarder si on est
paruenu a luy, ou si on y paruiendra,
comme agissant par charité & non
par esperance.

Pag. 183. Il blasme la bien heu-
reuse indifference des sainctes ames
qui se soubmettent auec repos d'esprit aux ordonnances de Dieu, & à
estre mesme condamnées & separées

de luy pour iamais, s'il le veut. Il ne craind pas de ruiner la plus pure & la plus haute charité, & d'estendre sa temerité contre saincte Catherine de Sienne, qui receut la nouuelle de sa reprobation auec cette tranquillité d'esprit qu'il ne comprent point; contre S. Paul, qui vouloit estre anatheme pour ses freres ; contre Moyse, qui vouloit estre effacé du liure de Dieu ; & contre quantité de grands Saincts, de la charité desquels il faut auoir mesme opinion, quoy que nous n'en ayons point vne cognossance particuliere.

Sur le tiltre dixiesme, Regne.

PAg. 175. Il dit que le passage de S. Paul, que I. C. *aneantira toute*

principauté , & puissance & vertu,
s'entend du iour du iugement, & des
demons. Mais il ne côsidere pas que
S. Paul dit expressement toute principauté, & toute puissance, *omnem*
principatum & potestatem. Ce qui
monstre que pour establir pleinement la royauté de I. C. toute autre
principauté & toute autre puissance
que la sienne, sera destruicte, sans en
excepter celle des Rois & des Papes,
dont parle nostre Aristarque. Car au
iour du iugement il n'y aura plus ny
Papes ny Rois, & I. C. seul regnera
par luy mesme sur toutes les creatures sans Vicaires & sans Ministres.
Et certe parole de l'Apostre côprend
tellement toutes les puissances de la
terre, que S. Thomas dans sa Somme mesme Theologique, l'estend
iusques à celles du Ciel, & aux Hie-
rarchies des Anges. C'est pourquoy
le

le Prophete Daniel dit que son regne brisera & consommera tous autres regnes: Et Dauid dans le Pseau-
me tesmoigne qu'il les mettra en
poudre, comme des vases de terre,
pour faire voir qu'il est luy seul con-
stitué Roy eternel pour gouuerner
toutes choses.

Ce qu'il dit du iour du iugement,
n'est pas contre la Fille, qui n'ignore
point que c'est au iour du iugement
que la perfection de cet aneantisse-
ment arriuera; quoy qu'il soit vray
que I. C. aneantit tous les iours les
puissances contraires à la sienne dás
nous mesmes, quãd ruinant en nous
le peché & la corruption de nostre
nature pecheresse, il establit son
Royaume dans nous, come dit l'E-
uangile, *Regnum Dei intra vos est.* Ce
que ce Docteur ne deuoit pas encor
ignorer. Car la principale grandeur

de son Royaume est celle qu'il exerce sur les ames sainctes, laquelle il
augmente incessamment par la secrette vertu de sa diuinité, iusques à
ce qu'il la rendra parfaicte & accomplie au iour du Iugement.

Pag. 187. Il dit qu'il ne faut pas
demander que Dieu aneantisse la
puissance des pecheurs & des demons. Temerité estrange, qui semble apprehender qu'ils regnent trop
peu de temps, & condamne les prieres de l'Eglise, qui le demande incessamment. Car quant à ce qu'il adiouste, qu'on demande que Dieu le
face trop tost & auec precipitation;
S. Paul luy ferme la bouche, quand
il prie Dieu de fouler Satan sous nos
pieds promptement, *velociter*. Et
quant à ce qu'il trouue mauuais
qu'on demande que Dieu face venir le iour du Iugement, sans le prier

d'attendre dauantage, il prend à partie tous les SainⒸts, qui condamneront auec I. C. tous les demons & tous les meschans, puis qu'ils demandent dans l'Escriture auec instance que le iour du iugemèt soit aduancé, afin que les pecheurs soient punis. Ce qui est bien loing de le prier d'auoir encore patience.

Pag. 193. Il nie que le nom de I. C. prenne vie de sa vie & de ses grandeurs, comme dit la Fille ✳ voulant qu'il l'a reçoiｵe seulement de son rabbaissement. En quoy il commet vn blaspheme par ignorance, ne considerant pas qu'encore que le rabbaissement & la mort ait esté le moyen & la voye par laquelle son nom a esté exalté ; son exaltation pourtant, sa gloire, & la splendeur de son nom est vne effusion de la vie & de la gloire de sa Diuinité sur

l'Humanité, prenant son origine du
mesme Pere duquel il reçoit sa gloire & son essence Diuine. C'est pourquoy l'Escriture dit si souuent que
le Pere l'a exalté & resuscité; & aussi
qu'il s'est resuscité luy mesme: pour
monstrer que la gloire & les grandeurs de son humilité sont comme
des ruisseaux de la gloire qu'il a dans
sa Diuinité, & que l'vne & l'autre
procede du Pere comme de sa premiere origine.   Ce docteur ne void
pas que nier cette verité, c'est renuerser les fondemens de la religion,
& de la raison mesme; & qu'il est impossible que la mort & le rabbaissement, qui sont des choses vuides &
denuées de toute sorte de grandeur
& de vie, ayent communiqué aucune vie ou grandeur à I. C. & qu'elles
n'ont esté que côme les chemins par
où il y est paruenu. I'ay honte de le

voir combattre des veritez si euiden-
tes, par de si grands aueuglemens,

Pag. 194. Il suppose sans raison
que la Fille veut exclurre nostre consentement du regne de I.C. & l'establir sans luy. Ce qui vient de ce qu'il
discourt à perte de veuë selon sa fantaisie, sans prendre garde à ce qu'il
entreprend de refuter. Car on luy a
dit qu'elle veut seulement que I.C.
face viure son nom, ou reluire sa
Maiesté, dans l'Eucharistie, de la vie
& de la splendeur qu'il a dans la diuinité, sans qu'il soit besoin que les hómes y consentent, puisque malgré
tous eux il regneroit & reluiroit
tousiours infiniment ; En la mesme
manière qu'il demande luy mesme à
son Pere qu'il glorifie son Humanité de la gloire qu'il a euë de toute
eternité dans luy. Car la Fille desire
que la vie de son nom soit establie

Bb iij

dans le S. Sacrement en la mesme
maniere que la gloire de son humanité; & les paroles ne sont qu'vne
imitation de celles de I. C. Car il y a
cette difference entre le regne de I.
C. & celuy des Princes de la terre,
que la grandeur de ceux-cy procede
des peuples; au lieu que celle de I. C.
procede de sa gloire & de sa vie eternelle, & que son regne ne suit pas le
consentement des hommes, mais le
precede & le produit. Ainsi elle veut
nõ que son Royaume soit separé du
consentement des hommes, mais
qu'il ne soit pas estably & fondé en
luy, ains en sa vie & sa puissance diuine. Et cela nõ seulement du regne
qu'il a de toute eternité dãs luy mesme, & qui est inseparable de sa diuinité; mais aussi de celuy qu'il exerce
sur les ames par sa grace & par sa iustice, puisque ny l'vn ny l'autre ne

gist dans le consentement des hommes, mais le deuance plustost & l'o-
pere par sa vertu, n'ayant son fondement que dans la toute puissance de
la diuinité que I. C. declare luy auoir
esté donnée le iour de la Resurrection. Tellement que I.C. est Roy
& Pere tout ensemble de ses subiets
en vne maniere sans coparaison plus
excellente que les Rois de la terre
qui prennent ce nom. Car il les fait
& les produit luy mesme par la mesme puissance royalle par laquelle il
regne sur eux.

Sur le tiltre vnziesme,
Inaccessibilité.

Pag. 201. 202. 203. & 204. Il suit
ses imaginations dans des dif-

cours & des amplifications essorées,
& combat l'inaccessibilité que la Fille attribuë au S. Sacrement, en supposant qu'elle veut que I. C. ne se
rende accessible à personne. Il deuoit mieux peser ce qu'on a desia
respondu, & qu'il semble n'auoir
pas leu seulement, c'est à sçauoir,
qu'elle veut que la mesme inaccessibilité que I. C. a dans la diuinité, se
trouue dans le S. Sacrement. Et côme ce que nous disons que dans la
diuinité il est inaccessible, n'empesche pas que nous ne veuilliôs qu'on
puisse approcher de sa diuinité; Ainsi
ce que la Fille dit qu'il est inacessi-
ble dans le S. Sacrement, n'empesche pas qu'il ne s'y rende accessible
par bonté & par condescendence,
Elle veut qu'en approchant ce tres-
S. Sacrement nous considerions sa
hautesse & son inaccessibilité, affin
de

de proportióner noftre humilité &
reuerence à la grádeur de fon abbaif-
fement volontaire confideré dans la
grandeur & l'efleuement qu'il a de
luy mefme.

Pag. 205. Il redit la mefme chofe
que fon Collegue, qu'on a defia refuté, fans comprendre ce qu'on luy a
refpondu. Car on a dit que la Fille
veut que I. C. ait dans le S. Sacrement
la mefme grádeur & la mefme inac-
ceffibilité qu'il a dans la diuinité; &
par confequent qu'il n'ait de foy nul
rapport à nous, quoy qu'elle veuille
bien qu'il l'ait par bonté & par mifericorde, puis qu'il l'a ainfi voulu. Il
faut confiderer qu'au lieu que ces
gens accufent la Fille de vouloir deftruire les abbaiffemens de I. C. en
fouhaittant & eftabliffant fa propre
grádeur; ils veulent deftruire fa grádeur en eftabliffant fes abbaiffemés.

C c

Ce qui est tomber dans la mesme
extremité qu'ils luy imputent, & se
rendre aussi coupables qu'ils la font,
& beaucoup dauantage. Car il y a
bien moins de mal d'oster à I. C. ses
abbaissemens en maintenāt sa grandeur, que de luy oster sa grandeur
pour maintenir ses abbaissemens.
Mais les esprits sains & trāquilles ne
font ny l'vn ny l'autre, & allient aussi
bien dans leur pensée les grādeurs &
les bassesses volontaires de I. C. qu'il
les a alliées dās luy mesme, & ne perdent iamais la memoire & le respect
qu'ils doiuent à l'vn pour la consideration & l'establissement de l'œuure,
en quelque maniere qu'ils parlent.

    Pag. 207. Il blasme la Fille d'a-
uoir dit que l'inaccessibilité de I. C.
l'empesche de sortir de soymesme,&
pretēd qu'il falloit dire qu'elle nous
empesche d'aller à luy:parce que l'in-

accessibilité d'vne mõtaigne empefche bien qu'on n'y monte pas, mais
ne l'empefche point de defcendre.
Ridicule penfée, qui ne void pas qu'-
vne montaigne ne fçauroit defcendre, ny auoir nul mouuement ; &
que par confequent on ne peut dire
que rien l'empefche de defcendre, &
que mefme fi elle defcédoit, elle cef-
feroit d'eftre montaigne, & deuien-
droit plaine ou vallée. Mais Dieu
peut auffi bien venir ou ne pas venir
à nous, que nous aller ou n'aller pas à
luy; & par l'vne raifon auffi bien que
par l'autre il fe rend ou ne fe rend
point acceffible. Au côtraire ce Cen-
feur deftruit le fondement des myfteres de I. C. & fon acceffibilité,
pour parler ainfi, plus par ignorance
que par malice. Car il deuoit confiderer que I. C. s'eft rendu acceffible à
la nature humaine en venant à elle,

Cc ij

deuant qu'elle peuſt venir à luy, &
qu'en ſuitte de cette merueille de
ſon Incarnation, il ſe trouue que dás
les operations de grace, qui en ſont
les ſuittes & les images perpetuelles,
il faut neceſſairement qu'il s'approche de nous auparauant que nous
puiſſions nous approcher de luy. Et
c'eſt en cette maniere qu'il ſe rend acceſſible, comme la Fille l'a fort bien
compris: Et il ne ſe rendoit inacceſſi-
ble deuant l'Incarnation, & deuant
les myſteres de grace, que parce qu'il
ſe tenoit dans luy meſme, & ne s'ad-
uançoit point vers la creature pour
l'vnir à luy & l'introduire dans luy
meſme. Ainſi parmy les hómes meſmes vne perſonne ſe rend acceſſible,
non ſeulement en ſouffrát qu'on l'a-
borde, mais beaucoup plus en ſe pre-
ſentant elle meſme & s'aduançant
vers ceux qui la veulent voir. Telle-

ment que ce docteur n'a entendu ny
les mysteres de I. C. ny le langage &
practique des hommes, qui luy pouuoit faire voir que l'inaccessibilité de
Dieu côsiste principallement & ori-
ginairement en ce qu'il ne soit pas
de luy mesme pour s'approcher des
hommes.

Pag. 208. Il dit que c'est vne impieté de renoncer à la rencontre de
Dieu, & que c'est ce que font les demons & les impies : Que les Iuifs y
renonçoient bien dans le vieux Testament, mais que ce n'estoit qu'à la
presence visible, à cause de ce qui
auoit esté dit, *Non videbit me homo
& viuet.* Et que neantmoins S. Augustin s'escrie, *Moriar, vt te videam;
videam vt hic moriar.* Mais il ne sçait,
n'y ce qu'il dit, ny ce qu'il reprend.
Renoncer à la rencontre de Dieu,
comme les demôs & les impies, c'est

impieté: Et on luy a respondu,quoy
qu'il le diffimule touſiours ſelon ſa
couſtume, que la Fille eſt bien eſloignée de cette penſée, & qu'elle ne
veut ſinon que les ames ne pretendent par elles meſmes nul droit ou
puiſſance de rencontrer Dieu,& qu'-
elles recognoiſſent leur foibleſſe &
leur pauureté en conſiderant ſa bóté
& ſa grace. Or ces choſes ſ'accordent bien, qu'on n'ait ny droit ny
puiſſance en ſoy meſme, & qu'on
l'ait pourtant par la miſericorde de
Dieu. Quant à ce qu'il dit des Iuifs,
il erre ignorant les Eſcritures. Les
Iuifs ne craignoient point la preſen-
ce viſible de Dieu à cauſe de ces paroles, *Non vldebit me homo & viuet,*
tant pource qu'ils la craignoient au-
parauát qu'elles ayent eſté dittes, ces
paroles n'ayant eſté dittes qu'au cha-
pit.33. de l'Exode, & le peuple ayant

apprehendé la presence de Dieu lóg temps auparauant dés le chap.20.du mesme liure; que pour ce que ces paroles ne s'entendoient point de la presence visible de Dieu, mais de la veuë de son essence inuisible, selon ce que S. Iean a dit depuis, *Nul homme ne vid iamais Dieu*, ayant esgard à ces paroles de Dieu à Moyse, *Nul homme viuant ne me verra*. Car il est certain que Moyse a joüy de la presence visible de Dieu, cóme tesmoigne l'Escriture, disant que Dieu ne se faisoit voir aux autres Prophetes que par songes & visions, mais qu'il parloit à Moyse face à face, cóme vn hóme entretient son amy. La vraye raison donc pourquoy les Iuifs craignoient la presence visible de Dieu, c'est à cause des foudres & des esclairs effroyables dont il parust enuiróné la premiere fois qu'il se mon-

ftra à eux, ainſi qu'il eſt clairement
exprimé dans l'Exode chap. 20. Outre que c'eſtoit le temps de la loy de
crainte, ou Dieu ne ſ'eſtoit pas encore fait voir doux & clement, comme
dans l'Euãgile, & gouuernoit le peuple par vne loy de rigueur.

Quant à S. Auguſtin, tant ſ'en faut
qu'il ſoit contraire à la Fille, qu'il declare ouuertement qu'on rencontre
mieux Dieu en ne le rencõtrant pas,
qu'en le rencontrant. Outre qu'il
parle clairement de la veuë qu'on
aura dans le Ciel : lẽ deſir de laquelle
luy fait ſouhaitter la mort. Au lieu
qu'on ne parle icy que des rencontres de cette vie, qui eſt vne vie d'e-
xil, de ſeparation & de rabbaiſſe-
ment pour l'indignité de la creature.

Pag. 211. Il rebat la meſme choſe
qu'on a refuté, ſans repartir à ce
qu'on luy a reſpondu. Car on luy a
dit

Amet non
inueniendo
inuenire po-
tius quam
inueniendo
non inueni-
re.

dit que la Fille veut seulement que
I. C. demeure dans son inaccessibilité. A quoy on ne peut s'opposer sans
luy rauir cet attribut diuin . Car
quāt à ce qu'il obiecte que les Theologiens n'ont pas mis l'inaccessibilité au nombre des attributs de Dieu,
& que c'est vouloir faire vne nouuelle Theologie que de l'y adjou-
ster; l'ay pitié de cette impieté & de
cette ignorance : Car si les Theologiens de l'eschole n'en parlent point,
faudra-il condamner d'erreur & de
nouuelle Theologie la saincte Escriture, sans laquelle tout le reste n'est
que tenebres, qui loüé & exalte Dieu
si souuent de ce qu'il habite vne lumiere inaccessible? Faudra-il condamner les saincts Peres, qui dispu-
tans contre les Ariens appellent tant
de fois inuisible, non seulement le
Pere, mais toutes les personnes de la

D d

saincte Trinité? Faudra-il cõdamner
S. Denys, qui met entre ses noms &
ses attributs l'obscurité, *Caligo?* Faudra-il condamner S. Ambroise, qui
rend son secret, c'est à dire le secret
de Dieu, inaccessible aux Anges mesmes? Et qui ne s'estonnera qu'on ose
rauir à Dieu cette proprieté, puis
qu'on l'accorde aux hommes, desquels le fonds du cœur est tellement
esloigné de la cognoissance des autres & de luy mesme, qu'il a vne certaine inaccessibilité qui ne peut estre
penetrée que de Dieu seul, qui s'attribuë la gloire dans l'Escriture saincte
nõ seulement d'estre inaccessible en
soy, mais aussi de penetrer luy seul
ce qu'il y a d'inaccessible dans les hõ-
mes, *Scrutans corda & renes Deus.*

Pag. 219. Sans rien respõdre à ce
qu'on a dit contre son compagnon
pour la defense de la Fille, il sou-

ſtient qu'on ne peut dire que I. C.
n'eſt accompagné que de ſon eſſence ſeule, par ce qu'il en a deux, l'Humaine & la Diuine. Mais il réue trop
ſouuent pour le luy pardonner. La
Fille dit que I. C. dans ſon inacceſſibilité n'eſt accópagné que de ſa ſeule
eſſence, declarât qu'elle parle de luy
dans ſa Diuinité, dans laquelle il a
l'inacceſſibilité qu'elle luy attribuë,
& dans laquelle il n'eſt accompagné
que de ſa ſeule eſſence diuine.

Pag. 220. Il pretend que quand
on dit I. C. on entend la nature humaine, *bien que*, dit-il, *on n'excluë pas
la Diuine*. Blaſpheme grand, qui
tient du Neſtorianiſme, & qui neátmoins eſt rebatu ſi ſouuent par ce ra-
re Theologien. Car I. C. ſelon tous
les Chreſtiens, ſignifie vne perſonne diuine cóſtituée de deux eſſences.
Il ſignifie vn homme-Dieu, & en

ferme, esgalement les deux natures.
Il signifie l'Oinct du Pere, & l'Oinct
de l'Onction de la Diuinité. C'est
pourquoy S. Paul dit que I. C. estoit
hier, auiourd'huy, & à tous les sie-
cles; parlant de luy comme de Dieu
mesme. Et adjouste, qu'il estoit dans
la forme de la Diuinité, c'est à dire,
qu'il estoit Dieu esgal à son Pere deuant l'Incarnation. C'est le langage
perpetuel de l'Escriture; comme il se
void particulierement dans tout le
premier chap. de l'Epistre aux Colos-
siens, où l'Apostre ne le cōsidere que
comme Dieu, & cōme Verbe eternel residāt dans le Pere. Qu'elle honte donc, & qu'elle ignorance d'oser
maintenir qu'il faut parler de I. C.
comme d'vn hōme, sans comprendre sa Diuinité; qu'il le faut regarder
comme homme seulement, & non
comme Dieu?

Il adjouste que sa maxime est plus
vraye dans le S. Sacrement , par ce
que la diuinité n'y est que par cōco-
mitance, & *secundariò*, selon l'eschole. Comme si la Foy, qui ne subtilise
& ne raisonne point, estoit obligée à
se tenir dans ces conceptions metha-
physiques ; & que la Diuinité fust
moins veritablement dans le S. Sacrement, pour y estre par concomi-
tance, comme on parle à l'eschole,
que si elle y estoit *vi verborum*, & par
la vertu directe & principale du Sacrement. Ces termes changent bien
les pensées de l'intellect humain,
mais ne changent point la verité &
la realité des choses, ny n'empeschét
que la diuinité de I. C. ne soit aussi
proprement & aussi reellement dās
la saincte Eucharistie, que son humanité, ou plustost que son corps.
Car l'eschole tient que l'humanité

D d iij

mesme n'y est pas *vi verborum*, mais
le corps seulement & le sang. Au cótraire la Foy & le sentiment des fideles cósidere bien plus dans ce Sacrement la Diuinité, que la chair de I.C.
& ne s'approche de cette chair, ne
l'adore, & ne la reçoit, qu'à cause de
la diuinité qu'elle regarde dans elle.
Car le Fils de Dieu mesme a dit que
c'est l'esprit de la Diuinité qui viui-
fie, & que la chair ne sert de rien. Ce
qui est principalement veritable depuis la Resurrection, par laquelle le
corps & l'humanité de I. C. a esté
remplie de la vie & de la gloire mesme de la diuinité. Au moyen dequoy l'Eglise ne le regarde plus dás
les conditions humaines, mais dans
les grandeurs & les excellences de la
Diuinité. C'est vne presomption in-
tolerable que cet homme ose ba-
biller auec tant d'ignorance cen-

tre de si hautes & si asseurées veritez.

Sur le tiltre douziéme, Incomprehensibilité.

*

PAg. 125. Il prend l'essor & extra-
üague beaucoup contre ces paroles de la Fille, *Que I. C. demeure
dans ses voyes, & les cognoisse luy
seul*; disant que nul n'a iamais pretendu que Dieu luy rendist côte des
desseins qu'il a sur les creatures. Que
veulent donc dire tant de curieux,
d'impies, d'Athées, qui controollent
les plus hauts & plus petits mysteres
tant de la religion que de la nature?
Que veulent dire tant d'esprits hau-
tains qui pretendent approfondir
les secrets de Dieu, & s'esleuer au de-

là des lumieres qu'il luy a pleu leur
donner, & à son Eglise? Que veulent dire ceux qui tempestent côtre
luy & contre sa conduitte, quand les
choses ne leur viennent pas à souhait? Qui a il de plus ordinaire que
de leur voir prendre Dieu à partie, &
l'appeller par maniere de dire en iustice, pour le faire condamner d'iniustice? Que veulent dire tous les heretiques qui trouuent à redire dás ses
plus sainctes Institutions? Qui vid
iamais rien de plus extrauagant que
celuy qui ne peut souffrir qu'on s'oppose à ces gens, & qu'on souhaitte
autant de ne cognoistre pas les secrets de Dieu, qui les veulent soubmettre à leur discernement? C'est
donc vne saincte pensée & vne volonté si loüable de desirer que Dieu
seul cognoisse ses secrets & ses voyes,
qu'il n'en rende point conte à la
creature,

creature , & qu'elle aime à se tenir
dans vne saincte ignorance de ces
choses cachées, qu'on auroit peine
de croire qu'il y eut Chrestien qui le
peust trouuer mauuais, si on ne voyoit les vains efforts que cet homme
fait pour soustenir le contraire.

Pag. 231. Il faut vne grande passion pour sindiquer en cet endroit
les paroles de la Fille, toutes hum-
bles, toutes sainctes, & tellement
conformes au sentiment de tous les
Chrestiens & à la reuerence deuë à
Dieu, que si on n'auoit resolu de có-
battre à quelque prix que ce soit
tout ce qu'elle propose, il seroit impossible d'y trouuer rien à redire.
Car quelle pensée plus saincte, que
de vouloir, *Que I. C. ne rende compte*
qu'à luy mesme des desseins qu'il prend
sur ses creatures, que les ames se rendent
à l'ignorance, & qu'elles aiment le secret

des conseils de Dieu; qu'elles renoncent à la manifestation des choses cachées en Dieu, entant qu'elles doiuent demeurer dans sa seule science diuine? N'est-ce pas vne hôte & vn aueuglement estrange de blasmer ce discours, & le combattre par des pointilleries qui ne meritent pas seulement qu'on les produise? Il dit que ce n'est pas vne belle direction de vouloir que les ames se rendent à l'ignorance, côme s'il auoit dessein de faire reuiure la secte des Gnostiques, qui ne se vanteroient que de cognoissance. C'est ainsi que ces heretiques, & plusieurs autres, & sur tout les Payens reprochoient l'ignorance aux Chrestiens, par ce qu'ils declaroient ouuertement ne sçauoir pas rendre raison des secrets de Dieu, comme il appert par les Apologies des anciens. Mais il y a plaisir de luy voir distinguer l'i-

gnorance de la *non-cognoissance*. Car
les vetilles de la classe luy ont telle-
mét obscurcy l'esprit, qu'il ne craind
point d'introduire des mots, aussi
bien que des conceptions inoüyes.
Qui doubte que nous n'ignorions
tout ce que nous ne cognoissons
pas? Et qui appellons nous ignorant,
que celuy qui ne cognoist pas le subiet dont il s'agit? Toute ignorance à
la verité n'est pas blasmable: Et il y a
plusieurs choses que nous pouuons
ignorer sans reproche. Mais cela
n'empesche pas que selon le sens &
le langage de tous les hommes nous
n'ignorions veritablement ce que
nous ne cognoissons point.

Mais l'ignorance, dit il, vient du
peché; & ainsi il ne faut pas s'y rendre. On prouuera par la mesme raison qu'il ne faut pas se rendre & se
soubmettre à la mort, aux afflictiós,

aux maladies, parce qu'elles ne viennent pas moins du peché que l'ignorance. C'est vne grāde humilité de se
soubmettre volōtairement aux peines du peché, & receuoir auec humilité les effets de la iustice de Dieu,
& ne se pas trop tourmenter du peché mesme, mais le regarder auec
humilité & patience, cóme l'appan-
nage de nostre misere. Outre que
toute ignorance ne vient pas du peché. Car deuant le peché Adam ne
sçauoit pas qu'il fut nud, selon l'Escriture; ny qu'il deust pecher; & il
ignoroit beaucoup de choses que
Dieu & les Anges cognoissoient. Et
quand par la reformation d'Eue le
mystere de l'Incarnation luy fut re-
uelé, il cogneust l'effet, ignorant la
cause, c'est à dire, il cogneust l'Incarnation ignorant le peché, cóme les
Peres, & S. Thomas mesme le tes-

moignent . Les Anges mefmes qui n'ont iamais peché, font purgez d'ignorance par les Anges fuperieurs, felon S. Denys : Et il eft affez certain qu'ils ignoroient plufieurs myfteres de la Redemption des hommes deuant la naiffance de I. C. L'ignorance donc qui vient du peché, afin que ce grand perfonnage n'y demeure plus, c'eft l'ignorance de ce qu'on deuroit fçauoir, & qui importe à noftre códuitte, & à la felicité que nous euffions eu en cette vie fans le peché. Car le peché nous ayant ofté cette felicité, il nous a ofté la lumiere qui luy appartenoit, & nous a laiffé dans les tenebres qui nous rendent malheureux en cette vie & en l'autre, fi la grace de Dieu ne nous en deliure.

Pag. 232. Il reitere ce qui a efté dit par celuy qu'on a refuté deuant luy, fans faire mention de ce qui luy

a esté respondu, qu'il tronque les paroles de la Fille, & luy fait dire que
les ames renôcent à la manifestation
des choses cachées en Dieu ; au lieu
qu'elle dit, qu'elles renôcent à la manifestation des choses cachées en
Dieu, entât qu'elles doiuent demeurer dâs la seule science diuine. Ce qui
fait voir qu'elle ne veut sinon qu'elles renoncent aux secrets que Dieu a
reserué à sa cognoissance sans passer
les bornes de ce qui luy a pleu nous
en reueler; & qu'il est vn falsificateur
non seulement des veritez de Dieu,
mais aussi des paroles des hommes.

Sur le tiltre treiziesme, Independance.

PAg. 238. Au lieu de respondre à
vne doctrine solide qu'on a

proposé pour la deffense de la Fille,
il se met dás les discours & declamations, sans oser repartir à vne seule
des raisons de son aduersaire. Il dit
que quand on desire qu'encore que
ce Sacrement soit vn signe d'amour,
I.C. en tire, s'il veut, des effets de iustice, on destruit la charité du prochain, à qui ce souhait est contraire.
Mais il ne sçait pas seulement que
c'est que charité du prochain. Il s'i-
magine qu'elle cósiste à luy souhaitter du bien. Au lieu qu'on le luy peut
souhaitter sans charité, & que la charité ne le luy souhaitte iamais absolument. Car l'amour du prochain
n'estant que le secód degré de la charité, elle suppose toufiours le premier, qui est celuy qui regarde Dieu,
& se regle sur luy cóme sur son modele. Tellement que la vraye charité
ne souhaitte iamais au prochain au-

cun bien que foubs le bon plaifir &
la volonté de Dieu , eftãt auffi prefte
de trouuer bon qu'il le traitte auec
rigueur, qu'auec mifericorde, felon
qu'il luy plaira. C'eft la charité que
chacun doit auoir pour foy-mefme:
& s'aymer autrement que dans cette
foubmiffion & cette dependance de
Dieu, c'eft s'aymer en homme,& nõ
en Chreftien; par intereft, & nõ par
charité. Que fi la charité que nous
nous deuons nous mefmes doit eftre
telle; celle que nous deuons au prochain ne doit pas eftre d'vn autre
genre; puifque la charité que nous
nous portõs doit eftre la forme & le
modele de celle du prochain, felon
l'Efcriture qui nous commãde d'aymer noftre prochain comme nous-
mefmes. Or c'eft ce genre de charité
que la Fille propofe excellemment
en ce lieu, quãd elle dit que Dieu tire,

fil

s'il veut, de ce Sacrement des effets
de iustice, soubmettât & le prochain
& elle mesme aux volontez de Dieu
pour en receuoir les effets qu'il luy
plaira, & reglant la charité des hommes sur celle de I. C. Autrement ce
seroit vouloir auoir plus de charité
pour les hómes que I. C. si on vouloit s'opposer, soubs ombre de vouloir conseruer la charité vers le prochain, aux volótez qu'il a de tirer de
ce Sacrement des effets de iustice, nó
seulement sur les méchans, mais aussi sur les bons.

Pag. 239. Il dit que si nostre Seigneur tiroit de ce Sacrement d'a-
mour des effets de iustice, il se chan-
geroit & destruiroit ses desseins &
luy mesme. Comme s'il s'estoit destruit lors qu'estát venu pour sauuer
les hómes, il a neantmoins voulu estre mis pour la condamnation & la

Ff

ruine de plusieurs. Il ne void pas que
le dessein de Dieu n'est pas moins de
se reseruer tousiours vn pouuoir &
vn empire souuerain sur les loix &
les ordonnances qu'il propose aux
hómes, que d'accomplir & maintenir ordinairement ces loix & ces ordonnances. Car il en est tousiours le
maistre, & en dispose selon son bon
plaisir, &, comme dit fort bien Ter-
tullian, les loix de misericorde qu'il
fait pour les hómes, ne luy imposent
point de seruitude. Il les conduit &
les gouuerne selon ses desseins, & ses
volontez eternelles, à l'accomplissement desquelles se rapportent tous
ses effets & ses reglemens temporels.
C'est pourquoy il n'y a pas en luy
moins de constãce à vser de cét empire souuerain sur ses constitutions
& ses ouurages, qu'à les accomplir à
la lettre & en la maniere que les
hommes l'entendent.

Pag. 241. Il dit qu'encore que
Dieu puniſſe ceux qui reçoiuent indignement ce Sacrement, le Sacrement pourtant ne dóne pas cette pu-
nition ; n'eſt pas mauuais ; & ne nuit
à perſonne. Mais ſes argumens ſont
touſiours bas & mal concluans. Car
de ce que le Sacrement impoſe des
effets de iuſtice aux indignes, il ne
ſ'enſuit non plus qu'il ſoit mauuais,
qu'il ne ſ'enſuit que la iuſtice de Dieu
& Dieu meſme eſt mauuais, de ce
qu'il punit les meſchans. La iuſtice
eſt vne bonne choſe. Et les ſeuls cri-
minels la conſiderent comme mauuaiſe. Or que ce Sacrement puniſſe
& chaſtie veritablement ceux qui le
reçoiuent mal, il appert par les paroles expreſſes de S. Paul, qui dit qu'ils
mangent & boiuent leur iugement.
Et la raiſon en eſt claire, pour ce que
comme ceux qui le reçoiuent digne-

Ff ij

ment, en tirent des faueurs & des
graces, à cause qu'il contient l'auteur
& la fontaine des graces, qui les ver-
se par luy mesme dans les ames; ainsi
ceux qui le reçoiuent indignement
ou imparfaictemenr, en r tirent des
effets de iustice, pour ce qu'ils reçoiuent leur iuge, qui par ce Sacrement
entre dans eux comme vangeur de
leur ingratitude.

Pag. 245. Il ne respond point à ce
qui a esté dit pour soustenir la parole
de la Fille, *Que Dieu n'ait point esgard
à ce que les ames meritent, mais qu'il face tout selon luy.* Il demáde seulement
quel merite ce sera, si Dieu n'y a
point esgard? Et adjouste que c'est
faire Dieu iniuste, s'il ne rend aux
merites ce qui leur est deub, & que
cet erreur est pire que celuy de Luther. Ainsi il crie comme vn aueugle
qui ne sçait où il va. Car on luy a ex-

pliqué le sens, auquel il est vray que
Dieu n'a point esgard aux merites,
pour ce qu'il les abandonne & les
laisse perir quand il luy plaist, reiet-
tant de deuant sa face, cõme dit l'Escriture, ceux qui sont iustes, sans
auoir esgard à leur iustice, & releuant
les plus grands pecheurs. Et comme
en releuant les pecheurs il monstre
n'auoir point esgard à leurs pechez;
Ainsi en abandonnant les iustes, il
móstre qu'il n'a point esgard à leurs
merites. Que s'il est permis de dire
qu'il n'a point esgard aux pechez
lors qu'il releue les pecheurs; il n'y a
pas plus de mal à dire qu'il n'a point
esgard aux merites lors qu'il repous-
se les iustes de deuant sa face. Car la
iustice ne doit pas moins considerer
les mauuaises actions que les bónes:
Et si on ne la blesse point de dire qu'-
elle n'a point esgard à celles-là; on ne

l'offense pas en disant qu'elle n'a
point esgard à celles-cy. Mais ces
propositions ne repugnent pas à ce
qu'il n'ai● quelque esgard aux pechez & aux merites tandis qu'ils subsistent dans les ames, & pourueu
qu'ils y subsistent, iusques à la fin. Elles declarent seulement qu'il peut selon son bon plaisir, & selon les desseins eternels traicter les ames autrement que selon leurs merites pre-
sens, illuminant les vnes & aueuglât
les autres par le seul bon plaisir de sa
volonté, comme disent les Escritures. Ce que craignant Dauid s'escrioit, *In toto corde exquisiui te*, & neantmoins, *ne repellas me à mandatis tuis.*
Et ailleurs, *ne proyicias me à facie tua,
& Spiritum Sanctum tuum ne auferas
à me.* Qui sont deux passages ausquels ce Champion ne respond
point. Cette doctrine estant celle

des Escritures & de l'Eglise Catholique, il faut qu'elle soit esloignée de Luther, s'il ne veut que Luther soit Catholique. Car Luther a nié les merites : & on les aduouë. Il n'a pas voulu que Dieu soit iuste, mais seulement misericordieux en recópensant les actions des esleus: Et on veut qu'il soit iuste & misericordieux tout en semble enuers eux, & qu'il ne soit pas iniuste lors qu'il n'a pas esgard aux merites en cette vie, par ce que ces merites ne meritent pas le regard qu'il leur denie, en la maniere qu'il a esté expliqué.

Pag. 246. Il dit, qu'il ne faut point icy alleguer la perseuerance, par ce qu'elle ne tombe point soubs le merite. Mais outre qu'on ne parle pas seulement de la perseueráce finale, mais de la moindre subsistance de la grace & des merites ; il est certain

qu'encor que la perseuerance ne se
merite point, le merite pourtant depend d'elle; Et que si la perseueráce,
d'où depend l'accóplissemont où la
ruine des merites, est dás la seule volonté de Dieu, il s'ensuit qu'il est en
luy de cóseruer ou ruiner les merites
selon son bon plaisir. Et ce que la
perseuerance ne se merite point, non
seulement ne repugne pas à cette verité, ains au contraire la cósirme. Car
si elle ne se merite point, & que d'elle depende la conseruation ou la destruction des merites; Dieu peut
donc sans auoir esgard aux merites,
les maintenir ou les esteindre. Que si
nos merites ne peuuent n'y paruenir
à la recompense, n'y subsister vn seul
moment que par la pure & liberale
misericorde de Dieu; il est manifeste
qu'il peut sans iniustice n'auoir point
esgard aux merites, mais faire tout
selon luy.   Pag.

Pag. 247. Il dit que la parole de S.
Paul, *que Dieu fait tout selon son bon
plaisir*, n'empesche pas qu'il n'ait esgard aux merites, pour ce que son
bon plaisir est d'y auoir esgard. C'est
ainsi que ces gens se joüent des Escritures, se mettât plus en peine d'expliquer vn texte d'Aristote ou d'vn
docteur de leur eschole, que les paroles de Dieu mesme. Car S. Paul ad-
uertit les Chrestiens de trauailler à
leur salut auec crainte & tremblement, pour ce que, dit-il, que c'est
Dieu qui fait tout selon son bon
plaisir. Ce qui seroit vne mauuaise
raison, si cette maniere d'agir selon
son bon plaisir ne donnoit suiet de
crainte & de tremblement aux hómes. Or elle n'en donneroit point,
si elle ne disoit rien de particulier,
mais seulement en general, que
Dieu fait tout comme il veut, sans

G g

dire comment il le veut. Mais la
crainte, & le tremblement que S.
Paul veut donner vient de ce que
Dieu dans les operations de la grace,
& dans l'acquisition du salut, dont il
parle, fait tout selon son bon plaisir,
& selon ses desseins eternels, sans
auoir esgard à l'estat present des hómes. Car ceux qui considerent bien
cela, ne peuuent qu'ils ne viuent dás
l'humiliation continuelle, & dans la
crainte & le tremblement.

Pag. 249. Il passe soubs silence la
response du defenseur, & s'attaque
aux paroles de la Fille, se plaignant
qu'elle dit que nous auons pouuoir
d'assuiettir Dieu. Mais elle dit le cótraire, voulant que les ames renoncent au pouuoir de l'assuiettir, & recognoissent ne l'auoir point. Ce qui
a esté expliqué par le defenseur,
qund il dit qu'elle veut que les ames

renoncent à l'assuietissement, *qu'il
semble que les promesses leur donnent
pouuoir d'imposer à Dieu:* declarant
ainsi qu'elles n'ont pas proprement
& veritablement ce pouuoir, &
qu'elles doiuent recognoistre ne l'a-
uoir pas, quelque apparence que les
promesses de Dieu leur en donnent.

Pag. 250. Il dit qu'assuietissement
dit inferiorité. D'où s'ensuiuroit qu'-
vn Roy ne peut s'obliger par con-
tract à ses suiets; ou que quand il s'y
assuiettit & oblige, ils deuiennent
ses superieurs. La Grammaire qu'il
entend mal, luy a fait faire cette faute; Il s'est imaginé qu'assuietissement
venant de *suiet*, celuy qui *s'assuiettit*
à vn autre deuient son inferieur &
son suiet. Mais ces etymologies son
trop incertaines, & trompent trop
souuent pour s'y fier.

Pag. 250. Il dit qu'on peut bien
vſer de ces termes *d'aſſuietir & d'aſ-
ſuiettiſſement*, mais qu'il ne les faut
pas prendre à la rigueur, & cóme ils
ſonnent. En quoy il ſe contredit, &
cófeſſe qu'on peut dire ce qu'il a nie,
que les ames ont pouuoir d'aſſu-
jettir Dieu. Car il ne peut dire que
la Fille l'a pris trop cruément, par ce
qu'elle a parlé ſans gloſer ſes paroles, & que c'eſt luy ſeul qui leur donne vn ſens deſauantageux apres que
la defenſe a monſtre qu'elle n'a pas
pris ce mot groſſierement & à la
lettre.

Pag. 251. Il dit que S. Ambroiſe
eſcriuant que les larmes lient Dieu
& vainquent l'inuincible, ſil euſt
eſté dans le ſentiment de la Fille de
ne vouloir pas aſſuietir Dieu, il auroit inferé qu'il faut renoncer à la
penitence. Mais comme de ce que

la Fille dit, il s'ensuit qu'il faut renoncer, nõ aux promesses de Dieu, mais
au pouuoir qu'elles semblent dõner
de l'assuiettir & de l'engager à nous:
Ainsi de ce que S. Ambroise dit que
la penitence le lie & le vainc, on ne
peut inferer selon le sentiment de la
Fille qu'il faut renoncer à la penitence, mais qu'au contraire il faut faire
penitence auec disposition de renoncer à ce pouuoir de lier & de
vaincre Dieu, & de remettre plustost entre ses mains ces liens & cette
victoire, & nous laisser lier & vaincre nous mesmes à ses volontez, afin
de nous despouiller de tous nos aduantages pour les soubsmettre absolument à son empire. Et c'est la
maniere d'agir la plus saincte, la plus
pure, & la plus agreable à sa diuine
Majesté.

Pag. 251. Il dit que ce pouuoir

d'aſſuiettir Dieu, auquel on renonce, eſt le pouuoir de la grace de Dieu
meſme, auquel il ne faut renoncer.
Tellement que la paſſion l'emporte
d'vne extremite a l'autre, & luy fait
ſouſtenir ce qu'il vient de combattre. Ce pouuoir eſt de Dieu & de ſa
grace à la verité; mais il y en a vn
plus grand & plus parfait, qui eſt celuy de ſ'en demettre entre ſes mains,
ſelon la parole de S. Paul, qui diſoit
que tout luy eſtoit permis, mais que
tout n'eſtoit pas expedié. Ce qui faiſoit qu'il n'vſoit pas de beaucoup de
pouuoirs que Dieu meſme luy auoit
donné. Il y a quantité de pouuoirs
que la grace nous donne, dont l'v-
ſage eſt imparfaict, & ceſſera, ou,
pour parler ſelon le meſme S. Paul,
ſera deſtruit en l'autre vie.

　　Pag. 255. Il ſe plaint qu'on veut
deſtruire l'eſperance. Mais c'eſt vne

plainte qui deuiendra trop impor-
tune & trop insupportable sil la
veut estendre contre tous ceux qui
ont eu ce dessein, c'est à dire, contre
la plus grande partie des Saincts, qui
ont desiré qu'elle fust esteinte dans
les ames, non par le desespoir, mais
par le feu de la charité. Comme il appert entr'autres par la vision qu'on
dit estre arriuée à S. Louys d'vne Fille qui tenoit en l'vne main vn flam-
beau, & vn vase plein d'eau en l'autre : & enquise ce qu'elle en vouloit
faire, respondit que c'estoit pour
brusler tout le Ciel & esteindre le feu
d'enfer, afin que Dieu fust seruy desormais pour luy seul sans crainte &
sans esperance. Dieu mesme la destruira dans le Ciel, cóme dit S. Paul,
qui pour cette raison nous exhorte
de nous attacher plustost à la charité,
comme à celle qui demeure eternel-
lement.

Pag. 256. Il dit que l'esperance
n'est pas opposée à l'incertitude,
mais au desespoir. Il subtilise mal, &
son eschole le trompe. Car quoy
que l'esperance n'enferme point vne
certitude entiere, & qu'absolument
elle laisse l'home dans l'incertitude,
elle contient neantmoins vne confiance & vne seureté, que l'Escriture
& les Saincts appellent souuent certitude. Ainsi S. Paul dit qu'il est certain que rien ne le separera de la charité de I. C. Ce qu'il repete tant de
fois & de luy & des autres, que nos
heretiques fondent sur ces paroles
leur asseuráce pretenduë infaillible.
Or l'esperance enfermant cette certitude, il s'ensuit qu'elle est opposée
à vne incertitude. Et c'est cette certitude d'esperance qu'vne ame peut
exclurre sans reproche, en aymant
mieux demeurer entierement soub-
mise

mise & dependante de Dieu par vne
humilité aueugle, & se jetter totalement entre ses mains, affin qu'il face
d'elle ce qu'il voudra ; que prendre
de luy ces asseurances & ces certitu-
des que les ames moins parfaictes &
touchées de leur interest tirent de
ses promesses pour appuyer la foiblesse de l'affection & du respect
qu'elles luy portent. Car c'est le vouloir seruir comme on le sert en Paradis, & desirer que sa volonté soit faite sur la terre côme elle l'est au Ciel
par les Saincts, qui sont entierement
vnis à la volonté de Dieu, sans se regarder eux mesmes.

Pag. 236. Il dit qu'on a tort de
dire que la Fille entend renoncer à
vne trop grande confiance, parce
que pour vouloir qu'on renonce à
vn vice, il ne faut pas vouloir qu'on
renonce à la vertu opposée, ny pour

H h

euiter la trop grande confiance, dire
qu'on eui : l'esperance.

Mais il combat les sentimens de
tous les gens de bien, tát Chrestiens
que moraux, qui demeurent d'ac-
cord, & tesmoignent par leurs actions, qu'il est bon souuent de defendre certaines vertus, pour retirer
les hommes des vices dont elles approchent, comme aux temeraires la
magnanimité, la liberalité aux pro-
digues, l'esperance à ceux qu'on veut
retirer de la presomption & de la
confiance. Ainsi l'Escriture declare
qu'il est souuent bon de s'abstenir
non seulement des choses mauuaises, mais des bonnes; par ce que certaines vertus peuuent estre quelque-
fois quasi aussi dangereuses que les
vices. On peut donc agir & parler
ainsi sainement, pourueu que cela se
face auec discretion; & que les cir-

conftáces des actions & des paroles
tefmoignent que c'eft aux vices qu'-
on en veut, & non aux vertus. En
quoy on ne fait que fuiure l'obiection de l'Examinateur. Car il eft
manifefte que la Fille ne parle point
d'euiter l'efperance, & qu'elle a parlé
felon l'vfage ordinaire, dans lequel
fonder fes efperances fur vne chofe,
fignifie y eftablir fa fortune & vne
entiere affeurance.

Sur le tiltre quatorzief-
me,   Incommuni-
cabilité.

PAg. 258. Il diffimule ce qu'on a
refpondu pour la Fille, & combat en vain ce qu'elle veut que I. C.

Hh ij

ne s'abbaisse point en des communications disproportionnées à son infinie capacité; opposant mal à propos que c'est vouloir qu'il ne se có-
munique ny à nous, ny aux bien-
heureux, ny à la Vierge, pour ce qu'il
n'y a point de proportion entre
Dieu & eux. Car on luy a dit qu'elle
ne parle que des communications
disproportionnées à son infinie capacité, & que ce sont les communications que la creature ne reçoit
point, mais laisse escouler & perir.
Car quoy qu'absolument il soit vray
qu'il n'y a nulle proportion entre
Dieu & la creature; il est toutefois
vray qu'en vn autre sens dans les có-
munications que la creature reçoit,
il se trouue quelque proportion
auec l'infinie capacité de Dieu en có-
paraison des autres; pour ce qu'au
lieu que dans les communications

inefficaces Dieu ne trouue point où
affeoir fa capacité & fa plenitude infinie ; dans les efficaces elle trouue le
fonds de l'ame ouuert pour receuoir
les ruiffeaux de fon abondance, où
elle repofe & produit des fontaines
qui jailliffent dans la vie eternelle.
Comme donc il y doit auoir quelque proportion mutuelle entre ce
qui reçoit & ce qui eft receu; il y en a
auffi quelqu'vne entre les communications de Dieu qui trouuent dás
nous vn fubiet & cóme vn recepta-
cle propre pour les receuoir ; au prix
de celles qui trouuant l'ame fermée
de toutes parts f'efcoulent & fe perdent fans y pouuoir entrer.

Pag. 261. De ce que la Fille fouhaitte que les ames demeurent pluftoft dans l'indignité de ces communications inefficaces & difpropor-
tionnées à l'infinie capacité de Dieu,

Hh iiij

que de le voir tant rabaissé en elles;
Il infere qu'elle veut que les ames
demeurent dans leur pechez, par ce
que font les pechez qui les rendent
indignes. Cette obiection est foible
& mal couceuë, Car ce n'est pas fouhaitter qu'elles demeurent dans les
pechez ; mais au contraire c'est fouhaitter qu'elles ne deuiennent pas
plus pecheresses & plus indignes, &
que Dieu ne soit pas rabaisse en elles
fans fruict. Car c'est ce qui reüssit de
ce genre de communications, lesquelles ne font iamais fortir l'ame
du peché.

    Pag. 261. Il dit que I. C. a esta-
bly le Sacrement de penitence comme vn lauoir & vne piscine pour la-
uer les pechez : Au lieu que le lauoir
& la piscine n'est prise dans l'Escriture & par les Peres que pour le Sacrement de baptefme, comme il est

facile de prouuer par leurs tesmoi-
gnages, & qu'il appert assez par la figure de l'eau qui designe clairement
celle du baptesme; & par l'Ange des-
cendát du Ciel & guerissant les ma-
lades en vn instát par le mouuement
de cette eau, qui signifie manifestement le S. Esprit descendant sur
l'eau du baptesme, pour guerir parfaitement ces ames en vn moment,
comme declarent les mesmes Peres
en mille lieux.

　Pag. 262. Il prouue lourdement
que la proposition de la Fille, *Que
les ames demeurent dans l'indignité de
ces communications diuines*, est mauuaise, pource que la cótraire est bonne, c'est à sçauoir qu'elles facent ce
qu'elles pourront pour sortir de cette indignité. Si cette maniere d'ar-
gumenter est bonne, on prouuera
que quantité de propositions veri-

tables & pronócées de la bouche de
Dieu mesme, sont fausses. Car il y a
peu de propositions qui ne soient
vrayes en vn sens, & fausses en l'autre, & de qui par cósequent les contraires & les contradictoires mesmes ne soient vrayes. Ainsi S. Paul
dit souuent dans l'Epistre aux Romains que nous sommes iustifiez
par foy & non par les œuures, & S.
Iacques dit que nous sommes iustifiez par la foy & par les œuures tout
ensemble. Dauid dit que les Impies
ne resusciteront point au iour du iugement; Et S. Paul dit que nous re-
susciterons tous. S. Iean dit que ceux
qui sont regenerez ne peuuent pecher; Et le mesme S. Iean dit que si
nous disons que nous n'auós point
de pechez, nous nous seduisons. Il se
trouue vne infinité de telles propositions dont les cótradictoires selon
l'escorce

l'escorce des paroles sont vrayes, nõ
que les contrarietez, & beaucoup
moins les contradictions, puissent
subsister ensemble; mais par ce que
ces propositions se prenãt en diuers
sens, elles ne repugnent point en effet, quoy qu'elles repugnent en paroles. Tellement que nostre aduersaire raisonne encore mal, & d'autãt
plus mal, que la proposition qu'il
met en auant n'est pas l'opposite de
celle de la Fille. Car la sienne est generale, *Que les ames facent ce qu'elles*
pourront pour sortir de l'indignité qu'el-
les portent des communications de nostre
Seigneur: Au lieu que celle de la Fille
est particuliere, *Que les ames demeu-*
rent dans l'indignité qu'elles portent d'v-
ne si diuine communication, c'est à sçauoir de la communication inefficace
& entierement disproportionnée à
l'infinie plenitude de Dieu, comme

I i

elle a dit auparauant. Or il est manifeste qu'entre ces deux propositions
il n'y a nulle repugnance.

Pag. 263. Il dit que les communications inefficaces ne nous rendent pas plus indignes de Dieu, parce que ce ne font pas les graces qui
nous rendent indignes, mais le reiet-
tement des graces. En quoy il subtilise tousiours à sa mode contre la verité & l'authorité nó seulement des
Saincts, mais aussi de l'Escriture. Car
c'est ainsi que S. Paul dit que la doctrine de l'Euangile est odeur de
mort, donnant la mort aux méchás,
comme elle donne la vie aux bons.
C'est ainsi que S. Augustin a parlé au
passage qu'il a cité luy mesme peu
auparauant, quand il a dit que le S.
Sacrement a esté poison à Iudas.
C'est ainsi que le mesme S. Paul a
parlé, quand il a declaré que la loy

de Dieu estoit loy de mort, le ministere de la loy ministere de mort, &
que la loy a fait reuiure le peché. En
quoy ces communications inefficaces ressemblent à la loy, par ce qu'elles ne font qu'esclairer, pour parler
ainsi, le dehors de l'ame, & ne pene-
trant point iusques au fonds, ne luy
imposent qu'vn commandement exterieur, qui denué d'vne vertu effi-
cace l'engage dans le peché, comme
la loy y engageoit les Iuifs. C'est
pourquoy telles communications
n'appartiennent pas proprement à
la loy nouuelle, à la loy de grace, & à
la loy de vie, mais sont comme des
dependances de la vieille loy; & Pe-
lagius mesme les receuoit, quoy
qu'il niast la grace de I. C. Or il n'est
pas besoin d'aduertir qu'en ces manieres de parler de l'Escriture & des
saincts Peres on ne fait pas Dieu au-

theur du peché ou de la mort, par ce
que nul n'ignore que la source & la
cause de ce peché & de cette mort ne
soit dans l'homme mesme, sans qu'il
soit besoin de l'expliquer icy dauantage.

Pag. 266. Il reprend la Fille de
vouloir que les ames laissent leur
estre à Dieu, & l'abandonnent à sa
volonté, non pour receuoir participation du sien, mais pour honorer
l'excellence de son incommunicabilité; pour ce, dit-il, que nous ne
pouuons honorer Dieu, ny auoir
vne bonne pensée de nous mesmes,
sans la communication de son estre.
Mais il chicane tousiours ce qu'il ne
peut combattre solidement ; & de
plus en ce lieu il tronque les paroles
de la Fille, qui dit que nous laissions
nostre estre à Dieu, non pour receuoir participation du sien, mais pour

honorer son incommunicabilité *par
la communication du peu que nous sommes.* Il a retranché ces dernieres paroles, qui font voir que la Fille n'entend pas que nous puissions honorer Dieu sans aucune communication de ce qu'il est, mais qu'estant ses
enfans & luy estant fideles, nous deuons laisser nostre estre entre ses
mains pour l'honorer simplement,
& non pour nostre aduantage &
pour receuoir de luy de nouuelles
communications.

Pag. 270. A ce qu'on luy a dit
que la Fille desire que les ames laissent leur estre entre les mains de
Dieu, non pour receuoir communication du sien, & pour leur interest;
mais sans former autre dessein que
d'honorer son incommunicabilité,
& auec intention, quand il ne leur
communiqueroit rien, de s'estimer

heureuſes de voir ſes richeſſes ſi grã-
des qu'elles neſoient pas dignes d'y
auoir part, & ſe reſiouïr de ſon bon-
heur comme ſi c'eſtoit le leur propre; Il reſpõd qu'il ne faut pas ſ'eſti-
mer heureux de n'auoir aucune part
aux dons de Dieu, comme les demons; adjouſtant pluſieurs imper-
tinences ſemblables, qui ne meritent pas qu'on les produiſe. Il ne
void pas que cette diſpoſition enuers Dieu, par laquelle on regarde
ſon bon-heur comme le ſien propre, ſans s'intereſſer auec luy, eſt vn
des plus grands dons que l'ame puiſſe receuoir de luy, & que par conſequent celle qui veut eſtre dans cette
diſpoſition ne reiette pas ſes dons,
mais deſire celuy qui eſt plus grand,
c'eſt à ſçauoir, vne charité vers luy
toute deſintereſſée & toute pure, &
qu'elle ne ſ'eſloigne de rien que de
ſes propres aduantages.

Sur le tiltre quinziéme, Illimitation.

PAg. 276. Il soustient qu'on ne sçauroit garantir d'impieté la proposition de la Fille, laquelle il diuise en deux parties, & dit que la premiere est, *qu'il n'importe à I. C. Ce qui arriue de tout ce qui est finy.* Ce qu'il pretend estre contre tous les Saincts, & la Vierge, parce qu'ils sont finis. Mais outre qu'il ne respond rien à ce qu'on a reparty solidement & fortement pour la Fille, il tronque encore icy ses paroles. Car voicy comme elle parle; *afin que I. C. agisse dans l'estenduë diuine; qu'il ne luy importe ce qui arriue de tout ce qui est finy.* D'où il appert qu'elle ne desire

sinon qu'agissant dans son estenduë
diuine, il n'ait point esgard aux choses finies qui l'empeschent d'agir
ainsi. Et que par consequent elle ne
veut qu'il ne se soucie que deuien-
dront les ames, si elles se perdront
ou se sauueront, comme l'aduersaire
infere sans iugement, mais qu'elle veut seulement qu'il n'espargne
point ce qui s'oppose à l'estenduë
diuine de sa puissance, mais qu'il
rompe & face disparoistre tous les
obstacles qu'elle rencontre. D'où
s'ensuit aussi qu'on tire mal à propos
cette proposition au preiudice des
Iustes, des Saincts & de la Vierge;
pour ce que, quelques finis qu'ils soient en leur nature, ils n'empeschent
point Dieu d'agir sur eux & sur les
autres dans toute l'estenduë de son
pouuoir & de ses desseins, mais les
reçoiuent auec toute la plenitude
qu'il veut auoir en eux. Pag.

Pag. 277. Il dit que la seconde
partie de la proposition de la Fille
est, *que I. C. ruine tout ce qui limite ses
desseins*. A quoy il oppose que c'est
vouloir que I. C. ruine toutes les
ames qui ne reçoiuent pas la grace
dans toute son estenduë, & surtout
les pecheurs qui la reiettent. Mais
cét homme suit tousiours ses imaginations, & dissimule les responses
qu'il entreprend de refuter. Car on
luy a dit que ce qui limite les desseins
de I. C. n'est pas l'estre naturel des
creatures, puis qu'il est luy mesme
dans ses desseins, & parfaictement
soubmis à sa puissance, laquelle il ne
limite point, mais plustost il est limi-
té d'elle, estant tout compris & tout
enfermé dans ces desseins & dans la
puissance de Dieu ; Mais que ce qui
limite les desseins de I. C. & qui s'oppose à sa puissance, & l'empesche de

K k

faire ce qu'il voudroit, c'est le peché
seul, lequel par consequent elle desire estre ruiné, & non les pecheurs, à
qui au contraire elle souhaitte la de-
liurance de cet estre mauuais & opposé à l'estenduë de la puissance &
des desseins de I. C. afin qu'il regne
& qu'il agisse dans eux auec plenitude & sans bornes, comme dans les
bien-heureux: Sur quoy on a dit que
c'est le langage de l'Escriture, qui dit
que Dieu ruinera le ventre, c'est à dire, non son estre, mais sa corruption & sa bassesse; qu'il destruira le
diable, c'est à dire le regne & la puissance du diable; & plusieurs autres
propositions que ces gens ne comprennent point, par ce qu'ils n'ont
l'esprit remply que du jargon de
leurs classes & de leurs sermons populaires.

Pag. 282. Il se plaint que la Fille

n'a pas entendu les principes de la philofophie, quand elle a dit qu'elle defire que les creatures renoncent à toutes fins finies. A quoy on peut refpondre qu'il eft plus reprochable de n'entendre pas les principes de la Theologie, que la Fille de ne fçauoir pas ceux de la philofophie, puis qu'il n'y fçait gueres plus qu'elle, & debite fi mal ce qu'il en fçait, qu'il fait iuger que l'ignorance vaut mieux que fa fcience. Car à quel propos alleguer icy les Maçons, & les Medecins, pour prouuer qu'il y a des fins finies; qui eft vne chofe dont il ne s'agit point, & qu'au contraire on fuppofe quand on dit que les ames renoncét à toutes fins finies? On defire feulemét que les ames ne regardent les creatures que comme moyens, fe propofant toufiours Dieu pour fin vnique de leurs actions. On veut

qu'elles ne facent rien que pour
Dieu, qu'elles n'ayent nul esgard à
l'aduantage des creatures ou au leur,
& que le seul honeur de Dieu soit
l'objet de leurs mouuemens & de
leurs pensées. N'est-ce pas vne honte qu'on ose contredire vn langage
si Chrestien & si sainct, & qu'on luy
oppose les bagatelles de la philosophie, reduisant à des regles si basses
les discours de piete & de grace, &
les paroles d'vne Fille religieuse? Ce
qui est d'autant plus ridicule, qu'il
est certain qu'en quelque maniere
que les creatures soient fins les vnes
des autres, quand on les considere en
elles mesmes, elles cessent de l'estre
quand on les compare à Dieu, au regard duquel elles ne sont que moyens, comme en toute bonne philosophie les fins moyennes ne sont
pas fins comparées à la fin princi-

pale, quoy quelles le puiſſent eſtre
au regard des moyens inferieurs &
ſubalternes; au regard deſquels encor il y a des Docteurs de l'eſchole
qui nient qu'elles ſoient vrayement
fins; de l'opinion deſquels toutesfois ie ne me veux point ſeruir. Ainſi
parlant de Dieu, & de l'infinité de I.
C. la Fille auroit bien parlé non ſeulement ſelon la vraye pieté, qui eſt
inſeparable de la verité, mais auſſi ſelon le langage & les regles de la phi-
loſophie naturelle & de l'eſchole
meſme, quand elle auroit dit qu'il
n'y a nulle fin que Dieu ſeul, & que
les creatures ne le peuuent eſtre.
Mais ce n'eſt pas ce qu'elle a pretendu puis qu'elle a ſeulement voulu retirer les ames de la conſideration de
leur intereſt & des aduantages de
toutes creatures, afin que Dieu ſoit
le ſeul obiet de leur volonté, & la

feule fin de leurs defirs. Ce qu'il n'eſt
pas à ceux qui meſlent leurs intereſts
& leurs contentemens dans les ſeruices qu'ils luy rendent. L'imperfection deſquels elle ſouhaitte eſtre
eſloignée des ames , afin que Dieu
ſoit tout en elles.

Pag. 282. 283. Il ſe moque du
Maçon qui enquis pour quelle fin il
baſtit, reſpond que c'eſt pour Dieu;
& du Medecin qui diroit que c'eſt
pour Dieu qu'il traicte vn malade.
Cette impieté eſt tellement contraire au ſentiment Chreſtien, que ceux
qui ne cognoiſſent que la raiſon &
la nature la códamneroiét auſſi bien
que nous. Les Payens meſmes ne la
ſouffriroiét pas: & il me ſouuiét d'a-
uoir leu autres fois dans vn de leurs
eſcriuains, que ſi on demande à vn
paiſan pour qui il ſeme & plante, il
reſpondra que c'eſt pour les Dieux

immortels, qui ont voulu que comme j'ay receu ces biens de ceux qui
ont esté deuant moy, ie les laisse à
ceux qui viendront apres moy.

Pag. 283. Il dit que I. C. a eu des
fins particulieres & finies, sans craindre l'impieté de cette proposition
contraire & à la Theologie & à la
Philosophie, dont il se vante, quoy
qu'il y entende fort peu de chose;
puis qu'elle enseigne que Dieu n'a
point de fin, n'y n'agit pour elle,
Deus non agit propter finem. Aussi
ne respond-il rien aux raisons qu'on
a allegué contre son cofrere, qui a le
premier aduancé ce blaspheme. Il le
prouue par des argumens aussi mauuais que la conclusion. Car il dit que
la fin de I. C. quand il alloit au puits
de Samarie, c'estoit pour sauuer &
conuertir la Samaritaine; & que la
fin de son Incarnation a esté *propter*

nos homines & propter nostram salu-
tem. Ne craignant pas de souftenir
que la fin de l'Incarnation mefme
de I. C. eft finie. Car le falut & la
conuerfion des hommes, fur tout
en la maniere qu'elle eftoit dans l'efprit de I. C. font des fins infinies,
qui comprennent Dieu mefme &
fon S. Efprit, qui font le cœur & l'a-
me de la grace, laquelle n'eft pas vne
fimple qualité philofophique, comme s'imagine toufiours cét homme,
mais vne qualité qui porte l'inhabi-
tation & l'intimité profonde de
Dieu dans nous. C'eft pourquoy S.
Thomas ne luy demandoit autre recompenfe que luy mefme : Et il difoit à Abraham, *Ie fuis ton protecteur,*
& ta recompenfe infiniment grande.
Tellement que qui defire la grace &
le falut d'vne ame, ne defire pas vne
chofe finie, mais vn bien infiny, qui
eft

eſt Dieu meſme. L'aduerſaire eſt inexcuſable de tomber touſiours en cette faute, & ſouſtenir encor icy, que le ſalut, la grace, & la gloire des bien heureux ſont des fins finies, cóme ſi Dieu ne ſe dónoit pas à nous auec elles & dans elles, & qu'elles peuſſent eſtre ſeparées de luy, ou compriſes ſans luy, que par vne ignorance des principes du Chriſtianiſme.

Pag. 285. Il dit que le defenſeur & la Fille ont recogneu auparauant que I. C. a des loix & des fins qu'il ſeſt donné luy meſme, ne voulant pas qu'il y ſoit aſſuietty; & qu'ainſi ils ont tort de nier icy qu'il ait des fins finies. Mais pour les accuſer d'auoir oublié ce qui a eſté dit auparauant, il oublie ce qui ſe dit preſentement, & le poinct dont il eſt queſtion. Car on dit que I. C. n'a point

des fins finies; & on n'a iamais dit
qu'il en ait, quoy qu'on ait dit qu'il
a des fins qu'il s'est doné luy mesme:
lesquelles fins ne sont point finies,
mais Dieu mesme consideré en diuerses manieres. Car il s'est proposé
deçóduire les hommes à Dieu le re-
gardât en certaines façons, ausquelles on dit qu'il ne s'est pas assuietty,
& qu'il peut laisser l'vne pour suiure
l'autre, &, comme on dit commu-
nement, quitter Dieu pour Dieu.
Mais en quelque maniere qu'il agisse, ses fins sont tousiours infinies, &
ne sont qu'vne mesme fin infinie,
c'est à dire Dieu proposé diuerse-
ment.

Pag. 290. Il dit que Dieu n'enferme tout en soy, que par metaphore
& improprement. C'est ainsi que
ces gens se moquent tousiours de
l'escriture Saincte, le langage de la-

quelle ils condamnent d'improprie-
té, quand il ne s'accorde pas auec celuy de leurs escholes, lequel ils tiennent plus solide & plus exacte, s'ils
osoient aussi bien declarer ouuertement ce sentiment, qu'ils le nourris-
sent dans leurs esprits. Car l'Escriture parle tousiours ainsi, & il n'y a
rien dans elle plus frequent que de
dire que Dieu contient toutes choses, qu'il les a dans sa main, qu'il les
borne & les enuironne. Dans luy,
dit S. Paul, nous sommes, nous viuons, & nous nous mouuons. De
luy, dit-il ailleurs, & par luy, & dans
luy sont toutes choses : vsant d'vne
distinction de mots si precise, pour
monstrer qu'il entend parler proprement & exactement, & que c'est
autre chose estre de luy, autre chose
estre par luy, & autre chose estre dás
luy. Et la raison en est manifeste.

Ll ij

Car Dieu enuironnant & embraſ-
ſant toutes choſes non ſeulement de
ſa puiſſance, mais auſſi de ſa nature,
qui eſt eſgallement eſpanduë de
toutes parts au dedans & au dehors
des creatures, il eſt euident qu'il les
enferme en ſoy ſelon toute la proprieté & la rigueur des paroles, &
auec la meſme proprieté que l'air enferme les oiſeaux, & la mer les poiſ-
ſons ; qui eſt la comparaiſon dont
ſe ſeruent les Peres. C'eſt pourquoy
S. Gregoire dit des bien-heureux,
qu'en quelque lieu qu'ils aillent, ils
courét dás Dieu. Ce qui pour la meſme raiſon eſt vray de toutes les creatures, quoy qu'il le ſoit particulierement des Sainćts, à cauſe de la maniere excellente & diuine en laquelle ils ſont dans luy. D'où ſ'enſuit que
par toutes ſortes de regles & de principes, les Eſcritures parlent propre-

ment & en toute rigueur de verité,
quand elles difent en tant de lieux,
que toutes les creatures font enfermées dans Dieu, & que l'aduerfaire
a auffi peu de cognoiffance des maximes de la raifon que de celles de la
grace, de la Philofophie que de la
Theologie Chreftienne, puis qu'il
ofe fouftenir le contraire par vn blafpheme qui ne peut eftre pardonné
qu'à l'ignorance.

Pag. 290. Il dit que quand on
parle de I. C. il n'en faut point parler
comme d'vn Dieu, n'y luy attribuer
ce qui eft de la diuinité. C'eft vne impieté qu'il a defia mife en auant cy-
deffus, & de laquelle, pour ne point
reiterer ce qui a efté dit, il f'enfui-
uroit que nous ne pourrions dire
que I. C. nous a créez, & qu'il eft
noftre Createur, par ce que ce font
chofes qui n'appartiennent qu'à
Ll iij

Dieu. L'Escriture condamne cét erreur en mille lieux, dont nous auons produit quelques-vns, sans qu'il soit besoin de s'y arrester dauantage, parce que cette maxime porte sa condamnation marquée sur le front. Car ce qu'il allegue qu'autrement les Vbiquitaires gagneroient leurs procés. Cela est vray deuant des Iuges aussi peu judicieux que luy. Car ceux qui cognoissent bien leur erreur sçauent qu'ils tiennent que le corps & l'humanité de I. C. sont par tout aussi proprement que dás l'Eucharistie. Ce qui n'a rien de cómun auec ce que l'Escriture & l'Eglise nous apprend, que toutes les excellences de la diuinité appartiennent à la personne de I. C. aussi veritablement que la nature humaine. Il faut auoir peu de lumiere pour confondre ces choses, & n'en voir pas la difference si claire & si palpable.

Pag. 291. Il respond que tous les passages qu'on a allegué pour prou-uer par la saincte Escriture que I. C. enferme tout en soy, ne s'entendent pas de la forte, mais s'entendent d'vne forte de grace & de puissance ac-quise par l'Incarnation. Mais outre que cette response est obscure & confuse, & qu'il est ridicule de res-pondre ainsi en vn mot & en l'air à tant de passages formels de la parole de Dieu, & que cela tesmoigne le peu de cas que ces gens en font, & le peu d'intelligence qu'ils y ont; en quelque maniere que ces passages s'entendent, ils sont tousiours veri-tables, & on ne peut sans temerité blasmer la Fille de parler de l'Escri-ture, & d'imiter le langage de Dieu quand il s'agit de ses mysteres.

Pag. 291. Il dit qu'il ne faut pas vouloir que I. C. soit le chef *tout de mesme de tout, ny sans distinction y mettre les damnez & les demons.* Qui est vne objection qui ne procede que de foiblesse. Car on n'a pas dit que I. C. enferme tout en soy d'vne mesme maniere, mais qu'il enferme tout en soy simplement. Or changer la question de la chose en celle de la maniere de la chose, pour trouuer quelque moyen de repliquer, c'est vne inuention qui n'est pas digne de ceux qui font profession de sçauoir & practiquer exactement les regles de Logique. C'est la maniere dont les heretiques combattent ordinairement les mysteres de Dieu & de l'Eglise.

Pag. 291. Il dit que quand le Fils de Dieu dit aux esleus, *Venite benedicti*; & aux reprouuez, *Ite maledicti,* Il joint à soy les vns & separe les autres. Mais outre qu'estre vny & estre enfermé

enfermé font deux chofes differentes, lefquelles vn bon Dialecticien
n'auroit pas confondu ; Il ne f'enfuit
pas que I. C. n'enferme pas dans foy
les reprouuez, par ce qu'il ne les enferme pas de mefme façon que les
efleus. Comme il ne f'enfuit pas que
Dieu n'eft pas dans eux, par ce qu'il
n'y eft pas en mefme maniere que
dans les Sainéts, en comparaifon
defquels l'Efcriture dit fouuent que
Dieu n'eft pas dans eux, & qu'ils
font efloignez de luy. Ce que la regle celebre de Ticonius nous donneroit moyen d'expliquer dauantage à ce docteur, fi nous n'auions fait
deffein d'abbreger.

M m

Sur le tiltre seiziefme, Inapplication.

PAg. 294. Durant vne page &
demy il ne fait que badiner, pour
monftrer qu'il y a contradiction en-
tré ce qu'on a dit que I. C. enferme
tout en foy, & ce qu'on dit icy, qu'il
ne donne point dans luy d'eftre aux
neants. Ce qu'il fait par vn difcours
plein de confufion & de tenebres, &
digne de la legereté d'vn jeune ef-
cholier. Car il faut eftre bien peu
judicieux pour ne pas voir qu'il y a
grande difference entre la maniere
dont les creatures font enfermées
dans l'eftenduë & dans l'immenfité
de Dieu, & dót elles le font dans fon
efprit & dans fa penfée, & vouloir

qu'elles ſoient conceuës de luy en la
meſme façon qu'elles ſubſiſtent dãs
luy. Car elles ſubſiſtent dans luy par
leur eſtre propre & finy, qui ne peut
auoir de conſiſtance ſil n'eſt enui-
ronné & ſouſtenu de ſa nature, &
comme enté dans ſa vertu. Au lieu
qu'elles ne ſont dans ſa penſée que
par vn eſtre infiniment different du
leur, & auſſi grand & diuin que luy
meſme. D'où ſ'enſuit que ſelon ce
dernier ſens on peut dire qu'elles ne
ſont point dans luy, & n'ont point
d'eſtre dans ſon eſprit, parlant de
leur eſtre propre & naturel ; lequel
toutesfois eſt enfermé dans luy proprement & veritablement ſelon le
premier ſens ; & qu'ainſi entre dire
que les creatures ſont & ne ſont pas
dans luy en ces deux manieres il n'y
a nulle contradiction ny repugnance, par ce que ces choſes ſont diffe-

rentes, & ne conuiennent qu'en paroles. Il a desia esté dit qu'il se trouue grand nombre de telles propositions contraires en apparences, qui
en effet ne le sont point. Et c'est le
propre de l'excellence des choses diuines d'en receuoir plus que nulles
autres, à cause de la varieté de grandeurs & de qualitez qu'elles côtien-
nent dans leur simplicité, lesquelles
ne pouuant estre enoncées en vne
fois, donnent lieu à cette diuersité
d'expressions & de langages. Ce que
les Philosophes mesmes ont recogneu dans quantité de propositions
contradictoires selon la lettre, qu'ils
ont toutesfois receu pour veritables
en Dieu: côme quãd ils ont dit, qu'il
est & qu'il n'est point; qu'il est tout,
& qu'il n'est rien; sans parler d'vne
infinité de telles sortes de discours,
qu'il n'est pas besoin de rapporter

en ce lieu . L'efcriture Sainɛte & les
Peres font pleins de ce mefme langage, & S. Auguftin dans fes con-
feffions dit en vn lieu que Dieu eft
toufiours ancien & toufiours nouueau; & en l'autre qu'il n'eft iamais
ancien ny nouueau; par ce que ces
façons de parler fe rapportent à diuers fens qui s'accordent fort bien
enfemble, & à qui l'oppofition & la
rencontre de paroles ne fait que dóner plus de grace. Tellement que ce
braue Theologien s'efgare touf-
jours beaucoup , & manque par
tout de la philofophie mefme des
nouices.

Pag. 295. Il dit qu'expliquer les
paroles de la Fille, *que I. C. ne donne
point dans luy d'eftre aux neants*, de l'e-
ftre que les chofes ont dans l'efprit,
c'eft dóner vne explication tirée par
les cheueux. Mais ne prouuát point

Mm iij

ce qu'il aduance, & tout le difcours
de la Fille, qui ne parle que de l'occu-
pation de l'efprit de I. C. en foy, en
fon effence, & aux creatures, & du
fouuenir ou de l'oubly qu'il en a, có-
firmant euidemment l'explication
qu'on luy dóne, il eft manifefte que
ce controolleur a pluftoft tiré fon
obiection par les cheueux pour n'a-
uoir peu tirer nulle bonne raifon de
fa tefte.

Pag. 296. Il dit qu'on veut que
Dieu ne penfe point en nous. Mais
c'eft vne calomnie honteufe, laquelle il inuente contre l'euidence de ce
qu'on a efcrit au contraire, pour ne
demeurer point fans replique à vne
refpófe qu'il ne peut efbranler. C'eft
l'efprit & l'animofité que luy ont
mis dans l'ame ces occupations tem-
porelles qu'on a reproché à fon có-
pagnon, & dont il fe plaint luy mef-

me à la fin de son discours, lesquelles ne peuuent souffrir qu'ils entrent
dans les lumieres & dans les sentimens necessaires à l'intelligence &
aux vsages des choses de pieté & des
mysteres de Dieu, qui ne peuuent
subsister dans ce tracas du monde.

Pag. 301. Il reprend le Defenseur,
d'appeller l'estre des creatures neant,
comme si l'estre & le neant estoit
mesme chose. En quoy il attaque
non le Defenseur, mais tout ce qu'il
y a de Theologiens & de Philosophes, qui ne conuiennent en rien dauantage qu'à declarer que l'estre des
creatures est vn estre si imparfaict &
leger au regard de Dieu, que com-
paré à luy il n'est rien, & ne merite
d'estre appellé que neant. L'Escriture mesme s'accorde auec eux en cela,
& dit souuent que les creatures sont
deuant Dieu, côme si elles n'estoient

point ; & qu'elles ne meritent pas
qu'il les regarde , ou qu'il s'en sou-
uienne. Tellement que cét homme
semble chopper à dessein tout à la
fois contre toute sorte de lumieres.

Pag. 302. Il fait le Scholastique,
& il n'y entend rien. Il donne des explications grotesques, & fait des al-
liances ridicules entre S. Thomas &
l'Escot, comme si S. Thomas n'a-
uoit voulu dire sinon que les creatures ne peuuent produire nulle espece
intelligible dans Dieu, ny l'aider à
former ses conceptions. Belle subtilité pour le Docteur Angelique, &
beaucoup plus pour S. Augustin à
qui il fait ce mesme present. Il leur
a fallu bien mediter pour descouurir que les creatures ne peuuent
rien produire dans Dieu, ny agir sur
son essence, comme les obiets ma-
teriels

teriels agiſſent ſur nos ſens. Ie ne
m'arreſteray pas ſur cette concorde
pretenduë qu'il veut faire entre S.
Thomas & l'Eſcot, quoy qu'il y ait
beaucoup à redire, & qu'il monſtre
aſſez n'entendre n'y l'vn ny l'autre.
Ie diray ſeulement à noſtre propos,
que cét homme ſ'eſgare & diſcourt
en l'air, pour deux raiſons. La premiere, par ce que ſe trouuant que les
Theologiens ſcholaſtiques, & S. Auguſtin meſme, ont parlé comme la
Fille, & ſelon l'explication du Defenſeur, c'eſt à luy temerité de les reprendre. La ſeconde, par ce qu'il
n'entend pas que la Fille & le Defenſeur ne parlent pas tant des creatures en general, que principalement des hommes & de leur vies &
actions, leſquelles ils ne peuuent
ſouffrir que quelques nouueaux
ſouſtiennent que Dieu cognoit hors

N n

de soy dans la volonté & dans les operations des hommes, mais veulent qu'il les cognoisse dans ses decrets & dans luy mesme. C'est ce qu'il n'a pas entendu dans cette opinion qu'il fait paroistre par tout d'estre vn eminent scholastique.

Pag. 302. Il dit que S. Thomas, ny S. Augustin, ny les autres Theologiens, ne disent pas comme la proposition de la Fille, que Dieu ne void rien hors de soy. Mais il asseure tousiours ce qu'il n'entend pas, & ne s'aduise point que ce sont les propres paroles de S. Thomas, qui soustient que cette proposition, *Deus nihil extra se intuetur*, Dieu ne void rien hors de luy, est veritable & conforme au sentiment de S. Augustin. Et s'il auoit bien estudié les Docteurs Scholastiques, il sçauroit qu'il y en a des principaux qui disent que Dieu

ne void rien hors de foy, ny formel-
lement ny obiectiuement, mais que
ſa ſeule eſpece & ſon ſeul objet eſt
ſon eſſence, dans laquelle & par laquelle il void tout ce qu'il void.

Pag.303. Il ſe plaint qu'on le jette dans les eſpines de la ſcholaſtique,
& dit que la Fille n'en a peu cueillir
des fleurs ſans ſe piquer. S'il euſt eu
l'eſprit plus raſſis quand il a eſcrit cecy, il n'auroit pas fait ce reproche,
apres auoir blaſmé tant de fois & la
Fille & ceux qui parlent pour elle de
n'entendre pas la ſcholaſtique, quoy
qu'il paroiſſe par tout qu'il en parle
auec auſſi peu de cognoiſſance d'elle que de luy meſme. Car pour la Fille, il faut qu'il ſçache que la lumiere
de pieté, qui deſcouure les plus hauts
myſteres de Dieu d'vne maniere
plus diuine & plus aſſeurée que tous
les efforts de la ſcience des hommes

à ceux qui tiennent ferme sur les
fondemens de la Foy & de l'Humilité , luy a peu faire rencontrer ce
qu'il y a de vray dans la Scholastique; la verité n'estant point à l'eschole , mais à Dieu, qui la partage comme il luy plaist, aussi bien que le reste de ses graces. Et il est necessaire
que tous ceux qui parlent d'vn sujet
rencontrent souuent les mesmes veritez & les mesmes pensées, s'ils disent vray , comme il est necessaire
que tous ceux qui tirent au blanc
frappent en mesme lieu, s'ils tirent
droit.

Pag. 303. Il retombe dans le blaspheme dont on l'a repris desia plusieurs fois, ne voulant point souffrir qu'on attribuë à I. C. les excellences de la diuinité. Il veut qu'on
en parle comme d'vn homme, &
d'vne humanité , sans y compren-

dre rien de diuin ; renuerſant de
fonds en comble les Eſcritures ſainctes & l'Egliſe, qui en parlent preſ-
que touſiours comme du Verbe re-
ſidant dans le Pere, ſur tout depuis
la Reſurrection, par laquelle il a deſ-
pouïllé toutes les conditions humaines & mortelles, pour eſtre reueſtu
de celles de Dieu meſme.

Pag. 307. Il dit que I. C. dans ſa
paſſion demeura müet à tout le reſte, & ne ſe plaignit que de l'aban-
don du Pere. Et cependant il ne
void pas que l'Euangile teſmoigne,
qu'il reprocha aux Iuifs la maniere
dont ils l'eſtoient venus prendre,
tanquam ad latronem exiſtis, &c. Et
qu'il ſe plaignit du ſoldat qui luy
donna le ſoufflet, diſant, Pourquoy
me frappez vous, *cur me cædis?* Mais
la paſſion auec laquelle cét homme
parle eſt inſeparable de la temerité.

N n iij

Pag. 307. Il dit que I. C. ressen-
tant le delaissement de son Pere, s'es-
cria auec tant d'effort & de violence, *qu'il est croyable que cela luy cau-*
sa la mort plustost qu'il ne deuoit mou-
rir. C'est vn blaspheme contraire
aux Escritures & aux SS. Peres qui
declarent par tout que I. C. n'est pas
mort par infirmité, mais par puissance, qu'il est mort par ce qu'il l'a
voulu, qu'il a renuoyé luy mesme
son esprit, auec la mesme liberté
qu'il l'auoit pris, que personne ne
luy a osté la vie, mais qu'il l'a laissée
luy mesme, & que par consequent
rien ne luy pouuoit auancer sa mort
que sa seule volonté, non pas mesme
toute la cruauté des hommes & des
demons ensemble. C'est pourquoy
apres qu'il eut souffert tous les maux
dont la terre & le ciel le chargerent,
apres auoir ressenty pleinement les

effets de la colere du Pere, & de la
rage des hommes, il jetta vn grand
cry auec tant de vigueur & de force,
que ceux qui eſtoient auprés de la
Croix recogneurent par là ſa diuinité, laquelle ils n'auoient peu conceuoir par les merueilles precedentes
de ſa vie & de ſa mort : *Videns autem
Centurio qui ex aduerſo ſtabat, quia ſic
clamans expiraſſet, ait : Vere hic homo
Filius Dei erat.* Mais nous auons
deſia veu que c'eſt là maxime de ce
grand Theologien de conſiderer
touſiours I. C. comme pur homme.
D'où ſ'enſuit qu'il luy faut pardóner
ſ'il ne cóprend rien de grand & de
diuin dans ſes myſteres, puis qu'il ne
le peut faire dans luy meſme.

Pag.308. Il ſuppoſe calomnieuſe-
ment qu'on veut abſolument eſtre
rebutté de Dieu , & qu'il ne penſe
point du tout à nous. C'eſt vne har-

diesse & vne malignité nompareille
de suiure tousiours le cours de son
imagination, dissimulant ce qu'on a
respondu pour luy monstrer qu'on
veut que Dieu pense à nous, & qu'il
y pense sans comparaison plus parfaictement, & plus diuinement qu'il
ne peut ou ne veut conceuoir. En
quoy il est semblable aux heretiques,
qui ne pouuât combattre les veritez
de l'Eglise dans la sinçerité & la lumiere dans laquelle elle les propose,
les destournent en des sens esgarez
& plausibles, pour les faire paroistre
incroyables aux idiots, & auoir
moyen de contenter par des vaines
declamations la passion qu'ils ont
contr'elle.

Pag. 311. Il dit qu'il ne se trouuera
personne qui *depuis que le monde est
monde, se soit donné à l'inapplication de
de Dieu.* Ie luy demande en recompense

pense qu'il me donne vn seul hôme
qui depuis que le monde est monde
ait dit que Dieu ne se *desapplique* iamais de soy mesme, côme il dit plus
bas. C'est vne chose ridicule de con-
tester les mots, quand on ne peut
mordre sur les choses, & de vouloir
oster à des ames qui s'entretiennent
auec Dieu dans le secret de la solitude, la liberté de luy parler selon que
la grandeur de leur passion & l'indigence du langage humain les y oblige; puis que ceux qui parlent des
choses diuines en public, & qui ont
dessein de se faire entendre aux autres, ont tousiours eu le priuilege de
s'expliquer comme ils ont peu, &
par des termes auparauât incognus,
sans que personne s'y soit opposé.
Qui auoit iamais ouy parler de *science conditionnée*, *science moyenne*, *pre-
determination morale*, & quantité de

O o

mots femblables, deuãt noftre téps.
Cependant ceux qui en vfent veulent qu'on ne s'en plaigne pas, &
leur exemple pour le moins, puis
qu'il eft pris de l'efchole que ce Docteur aime tant, le deuoit rendre
plus retenu à reprendre vne Fille
qui parle loing du monde dans fa
cellule, & à ne luy faire pas des argumens qui renuerferoient, fi on
les vouloit receuoir, tant de grands
piliers de fa profeffion.

Pag. 312. Il fe laiffe encore emporter à fes mouuemens, criant cóme fi on vouloit que Dieu ne penfe
point en nous, & qu'on creuft qu'il
ne peuft penfer à luy & à nous tout
enfemble. Son compagnon auoit
defia produit ces raifons, & on les
luy a rabbatuës auec tant de force,
qu'il n'a pas le courage de les fouftenir, & ne peut faire autre chofe que

de les reproduire encore laschemét
en diffimulant les refponfes qu'il ne
fçauroit repouffer. Il a continuelle-
ment vfé de cette inuention dans
tout fon efcrit, & c'eft la principale
machine dont il f'eft feruy contre le
Chappellet. C'eft vne honte nó feulement de le faire, mais de le fouffrir
& de l'aduoüer, en publiant vne
piece fi peu digne de gens d'hóneur
& d'vne profeffion fainéte, fur tout
en vne matiere fi diuine que celle du
tres S. Sacrement. Il n'y a rien plus
inexcufable deuant Dieu que de
combattre des veritez qu'on reco-
gnoift ne pouuoir renuerfer, & de
vouloir faire iuger aux autres qu'on
a bien refifté à ce que dans fon cœur
& dans l'experience on void eftre
inuincible. C'eft vn des pechez que
I. C. ne pardonne ny en ce monde,
ny en l'autre, & qui eft d'autant plus

Oo ij

grand deuant sa Maiesté, que les
hommes le considerent moins, parce qu'ils cognoissent peu les pechez
de l'esprit, & qu'ils sont tellement
nourris dans la contention, qu'ils
croient leur estre permis de disputer
de toutes choses de part & d'autre,
pourueu qu'on ne face la guerre ouuertement & grossierement aux veritez dont tout le monde est imbu.
Car pour les passiós & les interests,
chacun est en possession de les maintenir iusques au bout, sans qu'on le
trouue estrange, quelques iniustes
& desraisonnables qu'ils paroissent,
sur tout quand ils se rencontrent
dans des personnes qui font profession de pieté, liées dans vn mesme
party auec quelque creance. Il semble qu'il se fait lors comme vne con-
stellation de planettes, dont la malignité ne peut estre destournée par

nulle inuention humaine, & qui
n'eſt apperceuë que de ceux ſur qui
elle tombe. Nul des autres ne void
leur iniuſtice, non plus qu'il ne la
reſſent. La ſainCteté de leur condition les defend enuers les foibles;
l'intereſt ou l'indifference enuers les
forts, qui ne veulent abandonner ce
qu'ils pretendent d'eux, ou ne prennent nulle part en ce qui ne les tou-
che point. Et c'eſt à mon aduis, ce
qui a donné aux aduerſaires la hardieſſe de mettre au iour vn Liure ſi
defeCtueux en toutes ſes parties, &
qui teſmoigne plus leur animoſité
dans l'incapacité de faire du mal, que
ſ'il en faiſoit dauantage. Car ils ſe
ſont imaginez que peu de gens vou-
dront recognoiſtre ou condamner
leur excés, & qu'ils mettront aſſez
leur honneur à couuert, ſ'ils peuuent
ſeulement ſe vanter d'auoir publié

vne responſe. Ce qui pourroit leur
eſtre permis en códeſcendant à leur
paſſion, ſ'il ne ſ'agiſſoit des myſteres
de Dieu qu'ils attaquent, & des grádes erreurs & impietez qu'ils ont en-
taſſé l'vne ſur l'autre pour les ruiner.
Mais par ce que les hómès doiuent
touſiours ceder à Dieu, & leur honneur rendre hommage au ſien , i'ay
creu que nulle conſideration ne deuoit m'empeſcher de m'oppoſer à
vn eſcrit inſolét, qui par vn orgueil
& vne ignorance qui vont du pair,
fait vn rauage eſtrange de veritez &
de vertus. Car ne me ſeruant pour le
renuerſer que des armes de noſtre
milice, & de ces armes puiſſantes de
Dieu que l'Eſcriture ſaincte, & l'authorité de l'Egliſe fondée ſur tant
d'anciens & immobiles fondemens
fourniſſent à ceux qui les cherchent
auec ſoubmiſſion & docilité de

cœur, & ayant eu soin de n'y employer autre mouuement ny autre
chaleur que celle qui est deuë à la
Maiesté du sujet dõt il est question,
& aux excés qu'on commet contre
luy, j'ay tout sujet d'esperer que les
esprits equitables, & qui ne sont
point meslez dans cette contention,
recognoistront les veritez que ie de-
fends, & leur rendront l'honneur
qu'on a tasché de leur rauir, & que
Dieu ayant esgard à la sincerité de
mon affection, que ie luy ay totalement consacrée en ce petit ouurage,
luy donnera la benediction qui luy
est necessaire pour seruir à sa loüäge.

[illegible]

FAVTES DE L'IMPRESSION.

Le Lecteur est prié d'auoir esgard à ces corre-
ctions, dont quelques-vnes sont importan-
tes ; Il les attribuera à l'absence
de l'Autheur.

PAg. 2. lig. 11. *qui*, lisez *que*.
 Pag. 3. l. 8 *l'on*, lisez *l'vn*.
p. 13. l. 2. *de*, lisez *do*.
p. 14. l. 8. *disent*, lisez *dissent*.
p. 23. l. 13. *parfaicts*, lisez *parfaictes*.
p. 24. l. 19. *residance*, lisez *residente*.
p. 27. l. 10. *separons*, lisez *separerons*.
Là mesme, l. 18. *allegue*, lisez *alleguees*.
p. 28. l. 1. *produict*, lisez *produits*.
p. 31. l. 10. *ny*, lisez *n'y*.
p. 32. l. 3. *auec exces*, lisez *auec excez*.
p. 39. l. 4. *esgalé*, lisez *esgalées*.
Là mesme, l. antep. *le hommes* lisez *les hommes*.
p. 43. l. 18. *ny verité*, lisez *ny vertu*.
p. 47. l. 18. *c'est à dire en ma chair*, le tout en let-
tres italique, comme estât paroles de l'Apostre.
p. 51 l. 7. *que n'auons*, lisez *que nous n'auons*.
p. 53. l. 5. *en la chair*, lisez *en sa chair*.
p. 53. l. 19. *qu'il a la grace*, lisez *qu'il ayt la grace*.
p. 62. l. 1. & 2. Il faut effacer ces mots *page 80. qui*
sont en la ligne 2. & les escrire en la ligne premiere, apres les mots *plus bas*.
p. 68. l. 11. *il les prend*, lisez *il le prend*.
p. 78. l. 11. *aymeroient mieux*, lisez *ils aymeroient
mieux*.

P

p.79.l.7.*rabaissez*, lisez *rabaissiez*.
p.83.l.5.*s'y*, lisez *si*.
p.86.l.7.*exterieurement*, lisez *exterieures*.
p.98.l.5.*ne craignez*, lisez *ne craignez point*.
p.102.l.9.*là*, lisez *la*.
p.103.l.10.*non*, lisez *n'ont*.
p.112.l.8.*la misericorde*, lisez *sa misericorde*.
p.118.l penult.*ttout*, lisez *tout*.
p.120.l.9.*nous opposans*, lisez *nous opposons*.
là mesme, l.13. *luy ranissent*, lisez *& luy ranissent*.
p.124.l.11.*taisse*, lisez *laisse*.
p.127.l.penult.*temettre*, lisez *remettre*.
p.129.l.18.*ces promesses*, lisez *les promesses*.
p.135.l.9.*il a chicané*, lisez *il la chicane*.
là mesme, l.19. lisez *disparoissoit*.
p.136.l.17. & 18.*desisrer*, lisez *desirer*.
p.137.l.6.*puisse*, lisez *ne puisse*.
là mesme, l.19.*autre*, lisez *autres*.
p.140.l.5.*s'entend*, lisez *l'entend*.
p.150.l.13. & 14.*remarcable*, lisez *remarquable*.
p.152.l.7.*consommeni*, lisez *consommant*.
p.154.l.16.*conduitte*, lisez *conduire*.
p.158.l.17.*qu'ez*, lisez *qu'en*.
p.170.l.10.*c'est à dire*, en lettre italique; comme
   aussi en la p.suiuante 171.l.2.
p.171.l.8.*censée*, lisez *sensée*.
p.173.l.15.*qu'elle*, lisez *qu'il*.
p.179.l.derniere, lisez *qu'elle*.
p.187.l.2. & 3.*dependant*, lisez *dependante*.
p.188.l.10.*l'a*, lisez *la*.
p.196.l.8.*humilité*, lisez *humanité*.
p.202.l.16.*l'œuure*, lisez *l'autre*.

p.205.l.6. *soit*, lisez *sort*.
là mesme, l.antep. *n'y*, lisez *ny*.
p.207.l.8. *vie*, lisez *veist*.
p.216.l.17. *qui*, lisez *qu'ils*.
p.218.l.13. & 14. *vanteroient*, lisez *vantoient*.
p.210.l.17. *reformation*, lisez *formation*.
p.222.l.12. *qui*, lisez *qu'il*.
là mesme, l.13. lisez *falsificateur*.
p.232.l.17. & 18. *n'y*, lisez *n'y*.
p.233.l.13. *pour ce que*, effacez *que*.
p.234.l.derniere, lisez *quand*.
p.235.l.antep. *son*, lisez *sont*.
p.246.l.6. lisez *conceuë*.
là mesme, l.4. *que sont*, lisez *que ce sont*.
p.256.l.5. *veut*, lisez *veut pas*.
p.257.l.15. *sousbmis*, lisez *soubsmis*.
là mesme, l.18. lisez *ses desseins*.
p.259.l.11. *l'ignorance*, lisez *son ignorance*.
p.267.l.4. *exacte*, lisez *exact*.
p.271.l.18. *de l'escriture*, lisez *auec l'escriture*.
p.274.l.2. lisez *demie*.
p.285.l.antep. *cœdis*, lisez *cadis*.